쓰고 싶은 편지

현대수필가100인선 · 33

쓰고 싶은 편지

김진식 수필선

좋은수필사

▩ 책머리에

수필은 누구나 부담 없이 읽고, 마음만 먹으면 직접 쓸 수도 있는 가장 친근한 문학이다. 다른 영역의 문학이 영상매체에 밀려 신음하고 있는 중에도 수필 인구만은 날로 증가하여 바야흐로 수필 전성시대를 구가하고 있는 이유도 거기에 있을 것이다.

시대적 추세에 힘입어 수많은 수필전문지, 수필동인지가 창간되고, 이에 비례하여 신진 수필가도 날로 늘어나다 보니 이제는 그 많은 작가, 그 많은 작품 중에서 문학성 높은 작품을 가려 읽는 일이 쉽지 않게 되었다. 이런 현상은 작가에게나 독자에게나 결코 바람직한 일이 아니다. 더 나아가서는 수필을 연구하는 후세들에게도 큰 부담이 될 것이다.

이런 문제를 해결하는 데는 출판인도 마땅히 한몫을 감당해야 한다는 평소의 소신에 따라, 본사가 기꺼이 그 역할을 맡기로 했다. 그 첫 번째 사업으로 시대를 대표할 만한 수필가 100인을 선정하고, 작가가 자선한 40편 내외의 작품을 수록한 문고본을 발간하여 이를 널리 보급함으로써 그 소임을 다하고자 한다.

본사는 사명감을 가지고 이 사업을 추진해 나가기로 했다. 작가 선정을 전담할 편집위원회를 구성하고 전권을 위임하여 일체의 사적인 정실이나 청탁을 배제함으로써 전문성과 공

정성을 확보해 나갈 것이다.

따라서 이 기획물 속에는 작가의 문학정신뿐만 아니라, 본사의 문학사적 기여 의지와 편집위원 제위의 수필문학에 대한 애정과 문인으로서의 양심이 함께 담겨 있음을 자부한다. 다만, 작가를 선정하는 기준에는 많은 견해의 차이가 있을 수 있고, 선정 과정에서도 미처 챙기지 못한 부분이 있을 것이라는 사실만은 인정하지 않을 수 없다. 이 점에 대해서는 관계자 여러분의 양해 있으시기 바란다.

이 시리즈의 발간 순서는 작가, 또는 본사의 사정에 의한 것일 뿐 그 밖의 어떤 기준도 적용하지 않았음을 밝힌다.

본 기획물이 시대를 초월한 많은 수필 애호가들의 관심과 애정 속에 우리나라 수필문학 발전에 한 이정표가 되기를 바랄 뿐이다.

2008년 10월

좋은수필 발행인 서 정 환

현대수필가 100인선 간행 편집위원 박 재 식 최 병 호

정 진 권 강 호 형

변 해 명

| 차례 | 현대수필가100인선 · 33

1_부

풀꽃을 생각하며 · 12
겨울 나그네 · 16
꿈꾸는 풍경 · 20
쓰고 싶은 편지 · 25
늦백이 예찬 · 29
전원에서 · 34
혼자 걸어가며 · 39
행복의 조건 · 43

2_부

임금님 귀는 당나귀 귀 • 52
장승 • 57
원효의 기행奇行 • 63
가을 숲길의 대화 • 69
느긋해지는 연습 • 74
빈자리를 마련하며 • 80
나의 약점 • 85
술과 나 • 90

3_부

훈수꾼의 푸념 • 100
혼자 사는 연습 • 106
할미새집 • 111
나이롱환자 • 117
즐겁게 일하기 • 122
빈자의 일등 • 126
행화촌 유감 • 131
군자란의 소생 • 135

4_부

혼배성사 여담 • 142
베란다의 포도나무 • 148
어느 날의 산간 일기 • 153
가을 산간에서의 한거閑居 • 159
글이 곧 사람 • 164
마음을 끄는 수필 • 169
황성 옛터 • 173
일월담日月潭 • 178
삼유동三遊洞의 묵향 • 183

■ 작가연보 • 188

풀꽃을 생각하며
겨울 나그네
꿈꾸는 풍경
쓰고 싶은 편지
늦백이 예찬
전원에서
혼자 걸어가며
행복의 조건

풀꽃을 생각하며

산이나 들판, 어느 곳에서나 지천으로 피어 있는 것이 풀꽃이다. 그 풀꽃을 바라보며 생각할 때마다 어인 일인지 쓸쓸한 바람이 터질 듯 가슴 깊숙이 와 닿아 미어질 것만 같다

아무도 가꾸어주지 않고, 그 이름을 불러주지 않더라도 풀꽃은 어느 곳에서나 거리낌 없이 피고 진다. 비록 가냘프고 연약한 몸짓이지만 약해서 쓰러지지 않는다. 산과 들의 어디에고 가리지 않고 기탁하여 온갖 자연의 어려운 조건과 시련을 이겨내고, 열심히 제 분수껏 꽃을 피우며, 끈질긴 생명력을 나타내고 있다.

이 풀꽃을 만날 때마다 그냥 지나쳐버릴 수가 없다. 무엇인가 가슴 속에 맺힌 간절하고 은밀한 이야기를 나누고 싶어진다.

풀꽃은 아무렇게나 흩어진 대로 자연을 이루며 꾸밈없이 피

어 있지만, 오히려 네 철로 그 빛깔과 질서를 이루며, 크고 작은 송이송이마다 정교한 정성으로 겸허하면서도 그 맵시나 짜임새가 허투루 된 것이 없다. 언제 어느 곳에서나 벼르지 않고서라도 풀꽃을 만나게 되지만, 만날 때마다 어떤 연민과도 같은 정을 느낀다.

작은 송이를 살펴보며 함부로 버릴 수 없는 것은, 어쩌면 가장 외롭고 가난한 우리들의 일상의 생활과 만날 수 있기 때문이며, 넘치지 않는 알맞은 삶으로 꺾이지 않음을 보여주고 있으며, 다가오는 세월을 바라볼 수 있는 순환의 뜻을 예지하기 때문이다.

버려진 땅의 잊혀진 꽃들이 스스로 넉넉하며 맞이하는 바람과 햇빛과 세월의 의미는 가슴이 미어지도록 애틋한 정감으로 닿아온다. 그것은 서러움의 한 맺힌 사연으로 피어나서 한들거리는 것 같기도 하고, 무엇인가 쓰러진 아우성으로 피어나서는 세월의 어귀를 지켜 서 있는 것 같기도 하고, 오직 숨은 작은 얼굴과 빛깔로 바람을 맞이하는 것처럼 열심히 제 분수로 삶의 알뜰한 꿈을 밝혀가려는 것 같기도 하다.

언제나 순환과 질서로 존재하면서 자연을 뽐냄이 없이 자연의 모습으로 피어나서는 평범한 이웃을 이루고 있듯 산천에 널려 있는 보잘 것 없는 풀꽃, 그러나 만날 때마다 가슴으로 와 닿는 찌릿한 그것은 무엇인가. 익지 않는 감상일까, 무슨 의미 있는 동정이거나 사랑일까, 아니면 스쳐가는 손짓의 교감일까.

풀꽃은 때때로 외로운 몸짓으로 흔들리면서 스쳐가는 바람에도 기웃거리며 견뎌내고, 천둥과 우레로 소용돌이치는 하늘의 울림에도 두려워하지 않고, 드러나지 않는 헤아릴 수 없는 얼굴로 꺾이지도 않는다. 그러면서도 부끄러움 없이 푸른 하늘의 부신 햇살을 맞으며, 자연의 모습으로 어울려 돌아간다. 여기에 무슨 대단한 핑계나 까닭이 통하겠는가. 오로지 주어진 숙명을 자연으로 이루며 피어날 뿐이다.

그런데 이 풀꽃은 만나면 만날수록 더욱 새롭고 절실하고 애잔하고 안타까운 마음이 되는지 차라리 바람과 세월에게 물어보고 싶어진다.

풀꽃은 장소를 가리지 않는다. 어느 곳에서나 버려진 잡초로 자라나서 어느 틈엔가 그 작은 꽃봉오리를 피우며, 바람과 햇살과 세월을 기리며 잊혀지지 않는 몸짓으로 남아 있다.

풀꽃은 그 바람의 심술을 탓하지 않으며, 그 햇살과 세월의 여울을 개의치 않는다. 외로운 오솔길을 지나가는 나그네에게는 쓸쓸한 기다림으로 맞이하고, 호젓한 들길에서는 속삭임으로 맞이하며, 깊은 산속에서는 은자의 고고한 몸짓으로 맞이한다.

이와 같이 풀꽃은 언제 어디서라도 스러지지 않고, 끈기 있게 피어나서는 산천의 외진 언덕이나 버려진 땅을 지키고 있다.

풀꽃은 명리를 쫓지 않는다. 잊혀지고 버려진 이름일지라도 그것을 개의하지 않고, 언제나 제 모습으로 피어나서는 풀꽃을 이룬다. 밭두렁이나 길섶이나 또는 한적한 어디에서나 만나더라도 그의 이름을 찾아 불러줄 것을 바라지 않아 그 빛깔을 드러내지 않는다. 자연 그대로 어울려 피어갈 뿐이다.

그러므로 크고 향기롭고 아름다운 빛깔과도 인연을 맺지 않는다. 오히려 명리에 머물지 않음으로써 세속을 이어가는 것이다. 갈고 가꿈이 없이 스스로 피는 것이다.

차마 작고 보잘 것 없는 꽃송이일지라도, 그 스스로의 삶의 빛깔로 온갖 꽃송이들을 장하게 피워낸다. 이처럼 강한 의지의 보람을 누가 버려진 이름 없는 작은 풀꽃이라고 업신여기며 깔볼 것인가.

어디에서나 지천으로 피어 있는 풀꽃, 그 꽃의 모습을 지켜보면서 만나는 이웃은 누구인가. 어느 날 빈 바람을 그득히 안고, 들길을 걸어가면 길섶이나 논두렁의 어디에서나 피어 있는 풀꽃들을 바라보며, 그 담박한 송이송이 위로 쏟아지는 햇살을 새삼 느낀다. 맑은 바람에 씻기고 흔들리면서 얼마나 다정하고 은밀한 것이지, 얼마나 쓸쓸하고 외로운 것인지, 얼마나 서럽고 애처로운 것인지, 온갖 정감이 오고 간다.

자연의 위대한 순환으로 마련한 이름 없는 잡초인 풀꽃들, 그 소망의 이룸을 저 부신 햇살인들 못 본 체하겠는가.

그 풀꽃의 눈물겨운 의지의 보람을 생각하며 터질 듯 가슴이 미어진다. 쓸쓸한 바람처럼 벌판을 내달으며 이 작은 송이송이들을 흔들어보며 풀꽃을 생각해 보는 것은 무슨 까닭인가.

겨울 나그네

겨울나그네는 가장 쓸쓸하고 초라해 보이는 것 같기도 하지만, 또한 가장 행복하게 생각되기도 한다. 그래서 그런지는 몰라도 겨울을 맞으면 무엇인가 가슴을 짓누르는 어둡고 무거운 찌꺼기를 훌훌 벗어버리고, 겨울 산천을 대하면서 깊고 풍부한 마음의 행복을 맛보며, 무엇인가 따라붙는 어두운 겨울 그림자를 털어버리고 아무 곳이고 떠도는 겨울나그네를 그려보게 된다. 실은 그렇게 겨울나그네가 되어본 적도 없으면서 그렇게 겨울나그네의 몸짓으로 겨울 열차를 타보고 싶은 것이다. 산천의 어디에든지 떠 다녀보며 무엇인가 확인해 보려는 삶의 의도가 깃들어 있기도 하다. 어느 작은 마을의 여인숙이나 산간의 절간 같은 곳에서 겨울의 풍정에 젖어들면서 펼쳐지고 있는 앙상하고 삭막한 모습을 따뜻하고 아름답게 바라보며 그 뜻을 새겨보고 싶은 것이다. 흰눈이 산천을 덮고 밤바람 소리가 겨울밤을 달리며 위세를 부리고 있을 때 순환처럼 와 닿는 자연의 모습을 생각하는 것은 어쩌면 다시 자연과 만나는 일이다. 삶의 온갖 모습이 겨울의 강에 길게 누워 두꺼운 얼음 아래로 깊게깊게 흐르는 조용한 강물의 모습을 그려보며 그 소리를 듣는다. 그것은 겨울나그네의 아픔으로 빚는 따뜻한 사랑의 체험 같은 것이다. 이와 같은 분위기에 잠기며 겨울을 맞이하기를 좋아하며 산천의 어디든지 찾으면서 겨울떠돌이의 맛을 만끽하고 싶어진다. 굳이 겨울나그네가 새삼스러운 것은 아니다. 그러나 겨울만큼 조용한 가라앉음으로 추위와 적요와 어두움의 골짜기를 이루며 시련과 멈춤과 죽음의 뜻이 무엇인가를 절실한 아픔으로 만날 수 있는 계절도 없다. 그래서 겨울나그네가 떠도는 산천에는 관조가 머물지 않는 곳이 없다. 아무 데도 갈 곳을 정하지 않고 까닭도 없이 겨울의 깊은 골짜기를 향하여 내달으며 그 골짜기의 차가운 어두움의 두꺼운 벽 아래로 다시 생명의 불씨로 숨쉬고 있는 것을 갈망하며 찾아보는 것은 겨울나그네의 가슴 깊은 곳으로 뜨거움을 품고 있기 때문인가. 그리하여 잠자는 겨울의 산천을 찾으며 펼쳐진 자연의 풍경을 바라보면서 차라리 따뜻하고 은밀한 사랑을 배우는 것이다. 그 쓸쓸한 폐허의 삭막함으로 잠자는 차가운 어두움 속을 겨울의 대지는 단지 멈추어 쉬고 있을 뿐임을 바라보게 한다. 그것은 주검으로 머물고 있는 것이 아니라 그 깊은 곳에서 묻어나는 따스한 입김으로 깊은 가슴에 와 닿아 그 뜨거움으로 사랑의 불을 지피게 하는 것이다. 그러므로 겨울을 떠도는 나그네의 쓸쓸한 헤매임이 아니라 가슴으로 만나는 뜨거운 사랑 때문에 그 숨결의 은밀함을 찾아나서는 것이다. 죽음과 절망의 미화나 노래가 아니라 잠자는 대지의 간절한 기도를 듣는 것이며 그것으로 얼마나 뜨겁고 촘촘한 사랑을 베풀 수 있는가를 생각해 보는 것이다. 그러므로 어디를 찾아도 붐비지 않고 얼음길과 찬바람과 더불어 만나고 맞이하기 때문에 훨씬 그 아픔이 절실하고 간절하여 부끄럽지 않다. 그리하여 겨울이 깊을수록 더욱 깊은 뿌리를 가꾸며 흔들리지 않는 마음으로 사랑을 가꾼다. 비록 남루한 행색으로 떠돌더라도 그 옷깃으로 때를 익히며 언 강의 바닥 깊숙이 숨쉬는 생명으로 뜨거움을 나눈다. 어느 곳을 찾는지 예고하지 않고 마중을 바라지 않는다. 있는 그대로 바라보며 느끼고 사랑하면 된다. 그래서 겨울나그네는 가난으로 오히려 풍족함을 즐기고 고된 역경으로 희망을 품으며 행복한 떠돌이를 즐긴다. 꽁꽁 얼어붙은 산천의 깊은 곳에 묻혀진 광맥을 캐는 부지런한 땀방울로 사랑을 깨달으며 잃어버린 이름을 다시 되살리는 그리움으로 깊이를 맑게 하며 아픔과 시련의 더미더미를 넘어가면서 뜨거운 불씨를 품고 잠자는 여인의 부드러운 가슴에 귀기울이며 기다리는 바람으로 겨울나그네가 되고 싶다. 어쩌면 행려병자가 되어 조용히 잠자는 산천의 구석구석을 찾아다니며 돌아오지 않는 강처럼 흐르는 찬바람 아래로 조용히 숨죽여 품고 있는 그 간절한 이야기를 귀담아 들으며 사랑하며 맞이하는 몸짓으로 겨울나그네의 객기에 젖어들고 싶다. 차가운 바람이 가지를 울리며 지나가고 영하의 기온이 독을 깨고 묘목을 얼어죽게 하더라도 놀라지 않을 것이다. 그러나 그 사나운 사신의 칼날이 제철에 떨치더라도 겨울나그네는 희망을 바라볼 줄 알고 묻혀진 사랑의 숨결을 들을 줄 알기 때문에 겨울의 풍경을 두려워하지 않는다. 겨울나그네는 옷깃을 여미며 흐느끼는 낮고 작은 목소리로 따뜻한 눈물처럼 돌아가는 길목에서 온갖 기억들과 만나는 것이 반갑다. 무엇인가 찾으며 듣는 그 뜨거운 가슴으로 사랑의 눈빛이 반짝이고 끝없는 순례자의 간절한 마음으로 그 어두움 속 깊숙이 살아 있는 빛을 바라보며 그 적막의 깊은 골짜기로부터 겨우 반짝이는 생명의 빛깔을 감지하며 빈 하늘의 초록빛 꿈을 숨쉬는 바람을 만나보는 것을 사랑하며 겨울나그네가 되고 싶다. 그리하여 어느 날 문득 흰 눈이 펄펄 휘날리는 아침, 어디인가 기다리고 있을 것 같은 산천을 생각하며 겨울나그네가 되어 떠나고 싶다. 증기기관차의 목쉰 기적에 실려 산이거나 강이거나 바다이거나 들판이거나 겨울의 산천을 만나며, 겨울의 아픔과 절망을 바라보며, 겨울의 사랑과 희망을 찾아보고 싶다. 그 차가운 가슴속으로 어두움을 헤치고 꺼지지 않는 숨결을 들으며 행복한 겨울나그네가 되고 싶은 것이다.

꿈꾸는 풍경

가끔 눈 앞에 펼쳐지는 환상의 풍경을 바라본다. 살아가는 기쁨과 고달픔이 그 풍경 가운데서 펼쳐지면 나의 생각은 날개를 달고 유영하는 물고기처럼 자연스럽다. 이와 같은 환상은 무엇인가 절실한 상념으로 골똘한 때일수록 더욱 선명하고 아름답다.

그것은 살아 있는 한 폭의 그림일 수도, 또는 삶의 가장 깊은 곳을 비춰주는 간절한 영혼의 꼴形이기도 하다. 꿈꾸는 음악의 리듬으로 헤엄치며, 오랜 생각을 형상하는 그 풍경은 생멸生滅과 변화를 거듭하며 이어지는 꿈결이다.

그것은 돌아가는 길목에서 돌이키고 바라보는 순환의 파도 같기도 하다. 마치 회억回憶의 몸짓 같기도 하고, 강 건너 펼쳐진 삶의 한 모습 같기도 하며, 다가오는 계절의 전주前奏 같기도 하며, 언제나 그 풍경 속에는 비약과 넘음을 마음대로 이룩할 수 있다. 그래서 그 풍경을 즐기며 사랑한다.

가끔 외롭거나 쓸쓸한 정감이 밀려올 때도, 무엇인가 그립고 설레임이 간절할 때도, 또는 차마 말 못할 안타까움으로 괴로움이 젖어들 때도 이 풍경 가운데서는 무엇이든지 뜻대로 성취할 수 있다. 그 풍경의 꿈속에서 또 다른 자신과 만나게 되고, 그리하여 또 꿈을 설계하며 그리는 그 빈 하늘을 어떻게 허망한 것으로만 가볍게 잊어버리고 말 것인가.

어느 날 갑자기 예기치 않던 운명이 길을 막아설 때 환상의 풍경은 내연하는 마음의 심지에 불꽃처럼 맹렬한 몸짓으로 나를 맞이한다. 어쩌면 그것은 나의 불꽃이라는 것이 맞을 것이다. 내 앞에 우두커니 서 버티는 운명의 진폭과 모습에 따라 행, 불행의 채색과 명암이 나의 발치에 따라붙는다. 그처럼 목타게 바라던 소망이 뜨락으로 성큼 다가왔을 때 그것을 어떻게 맞을까 하며 기쁨의 몸짓으로 그 호젓함을 숨쉰다. 흡사 저 멀리 아득히 부풀어가는 하늘 끝으로 그득히 넘치는 싱싱한 푸르름, 그것은 피어나는 나의 계절일 것이다.

그러나 순환하는 계절이 한 곳에 머물러만 있을 것인가. 어느 틈엔가 어두운 그림자가 산과 언덕과 늪을 가리고, 갑자기 차가운 바람결에 갈기갈기 찢긴 잎사귀들이 흩날리는 너절하고 을씨년스런 풍경으로 다시 꺾임과 고난의 계절이 발을 시리게 하고, 가슴을 꽁꽁 얼게 하지는 않는가.

어두움의 장막이 짙고, 차가운 바람이 윙윙거리며 울면, 하늘조차도 납덩이로 짓누르는, 그 꺾임의 망망함과 쓰라림을 어찌 지워버릴 수 있겠는가. 그것은 환상이 아니라 실상이며, 그 모습으로 인각印刻된 풍경이 어찌 꿈으로만 사라지겠는가.

사유思惟의 밝은 아침, 먼 데 손님처럼 찾아와서 무엇인가 열심히 이야기하며 전해 주는 몸짓으로 그 고달프고 쓰라림을 어루만지는 이는 누구인가. 깨이지 않는 꿈속의 자욱한 안개가 걷히고 맑은 거울에 비취는 모습처럼 맑은 깨침으로 돌아올 때 꿈꾸는 풍경은 기쁨의 바다로 넘실거리며, 나의 발목을 적신다.

밤하늘의 반짝거리는 별들처럼 박혀 슬기의 반짝거림으로 문득 그 모습을 투시하며 바람처럼 돌아오는 그는 누구인가. 그것은 운명이거나, 추억일 수도, 또는 끝없는 갈망의 높은 손짓으로 만나는 당신일까. 그 풍경에는 언제나 다른 모습으로 태어났다가는 사라지고, 사라졌다가는 다시 태어나는 모습으로 만나거나, 또는 먼 발치에서 바라보게만 한다. 이처럼 꿈꾸는 풍경은 넓고 크고 높아 두려운 마음으로 바라보는 것이다.

그러나 꿈꾸는 풍경은 내가 꾸는 꿈으로 바라보는 것이다. 예감처럼 운명처럼 높은 손짓으로 펼치는 빛깔, 그것은 프리즘으로 분광分光하여 펼치는 해체된 나의 빛깔일 것이다. 때로는 정감으로 펼쳐주기도 하여 희노애락喜怒哀樂의 풍경으로 수놓아 나를 비춰주기도 하고, 때로는 사변思辨과 관념으로 판단의 빛깔을 뿌려주기도 한다.

아니면 회한이거나 추억일 수도 있다. 무엇인가 타다 남은 나무처럼 이룰 수 없는 불꽃을 갈망하다가 후회와 부끄러움의 껄끄러움으로 부질없는 연륜을 헤아리기도 하고, 티없이 맑은 소년으로 돌아가 고향의 산천과 인정을 그려보기도 한다.

그 환상의 풍경, 그 가운데로 과거의 별빛도 미래의 아침도 자연스럽게 오가며, 옛날의 언덕에서 휘파람을 불기도 하고, 미래의 외나무다리에서 까닭 없이 헤어진 연인을 만나 당황하기도 하며, 때로는 '슈퍼 맨'이 되어 신통자재로 천하를 호령하기도 한다. 그러다가 다시 조용히 가라앉은 맑음으로 가을을 열어 빨갛게 익는 실과처럼 계절을 채비하기도 한다.

그것은 나의 한 오라기 걸침이나 꾸밈없는 삶의 모습이다. 그 모습을 형상하면서 나는 나의 일상과 관념과 판단을 내 것으로 한다. 가끔 그 풍경의 생멸生滅이 너무 허전하여 바람처럼 휑하니 비워버리기도 하지만, 그 빈 뜨락에 다시 태어나는 모습으로 내가 있다고 생각하면, 그 사라지는 흔적을 탓해서 뭣하겠는가.

때로는 열려 있는 자연까지도 환상이며 환상이 자연을 일구며, 또한 풍경이 된다. 내가 자연일 때, 나의 그리움인들 자연 아닌 것이 없고, 자연의 모습을 살아 있는 꿈결로 추상抽象할 때, 어찌 자연인들 꿈속이 아니겠는가.

그리하여 나는 환상의 풍경을 그리는 것을 즐겨하며 사랑한다. 그것이 스스로의 묶여 있는 사슬을 끊기 위하여 마련한 풍경이든지, 또는 우연히 만난 운명의 헤어날 수 없는 조우遭遇일지라도 나는 꿈꾸는 풍경을 가꾸고 아낀다. 바로 그 풍경은 나의 가장 깊은 삶의 실증實證이라고 여기기 때문이다.

때때로 어리석음과도 싸우게 되고, 탐욕스러움과도 싸우게 되고, 부질없는 교만과도 싸우게 된다. 그리하여 아름답고 담박한 슬기로 돌아갈 수 있도록 갈망함이며, 내가 어디만큼 와 있는가를 비춰볼 수 있는 풍경을 어찌 허망하다고만 할 것인가. 언제나 나의 생각으로 펼치는 꿈으로 나를 바라보며, 삶을 익혀갈 그 풍경, 밝을 때나 어두울 때나 내 것으로 하여 나의 가장 깊은 심지에 타는 불꽃을 사랑하지 않고 어찌하랴.

쓰고 싶은 편지

가끔 편지를 쓰고 싶거나 받아보고 싶을 때가 있다. 아직도 누구에겐가 다하지 못한 간절한 사연이 남아 있으며, 알 수 없는 파랑새로부터 아침 까치마냥 전해 주는 기쁜 편지가 기다려지는 것은 버릴 수 없는 소중한 기다림이 남아 있기 때문일 것이다.

편지에는 여러 가지 종류가 있을 것이다. 그러나 역시 편지는 사랑하는 사람들끼리 서로 그리워하며 애틋한 정을 주고받는 것이야말로 단연 압권일 것이다.

요사이 전화 한 통화로 거침없이 사랑을 고백하고 만나기가 무섭게 뜨거워져버리는 속결주의에 비한다면 편지야말로 서로의 가슴과 가슴이 만날 수 있으며, 마음과 마음이 넘나들면서 그 은근한 달아오름과 은밀한 생각들이 얼마나 아름답게 펼쳐지는 것이랴.

누구나 젊은 날에 한 번씩 사랑의 열병을 앓아본 사람이라면 한 장의 편지가 얼마나 떨리고 두려운 것인지, 얼마나 아름다운 분홍빛 채색의 설렘인 것인지, 또는 저 하늘의 빈 바람과 별들의 뜨거운 기원과 같은 것인지 알 수 있을 것이다.

바로 한 장의 편지를 쓰고 싶다는 것은 아름다운 정감으로 맞이할 수 있다는 그리움의 표현일 것이며, 받고 싶은 한 장의 편지 또한 헛되지 않는 삶의 따뜻한 위안과 차지 않은 빈 뜨락의 쓸쓸함 때문이리라.

이리하여 아직 가슴을 데울 수 있고, 그 가슴으로 설레임을 지닐 수 있으며, 기다림의 은밀함을 소중하게 지닐 수 있는 것은 아닐까.

때로는 저 산 너머의 알 수 없는 그리움에 젖어들면서 하얀 종이 위에 그리운 빛깔을 진하게 그려서 띄워 보낼 수 있다면 그 삶의 빛깔 또한 얼마나 아름답고 싱싱할 것인가. 그리고 아무도 찾아주지 않는 그런 외진 곳에서라도 아직도 저 산 너머 어디메쯤엔가에서 그리운 뉘가 있어 언제인가는 한 장의 편지가 내게로 올 수 있다는 희망을 간직할 수 있다면 하루하루의 삶이 어찌 메마르고 무료하기만 할 것인가.

편지를 쓰고 싶다는 것은 어쩌면 아무에게도 써 보낼 곳이 없다는 것일 수도 있다. 이처럼 막연하게 기다린다는 것도 또한 아무에게서도 받을 수 없다는 기대치를 믿지 않는 까닭인지 모른다. 이와 같은 엉터리가 어디 있느냐고 반문할 수도 있을 것이다. 그러나 이 엉터리가 아무 것도 아닌 것처럼 보일지라도 차라리 어떤 구체적인 실상에 대한 기대나 그리움보다도 한층 마음을 푸근하게 하며, 꺾일 수 없는 희망으로 간절함을 지킬 수 있다.

주소를 댈 수 없는 저 하늘과 바람과 별들의 기억과 계절마다 맞이하는 채색 위에 한 줄기 빈 바람의 글자로 쓰고 싶은 편지, 썼다가는 지우고 지웠다가는 다시 써서 띄워보내고 싶은 편지, 끝내 돌아오지 않는 메아리로 남아 있는 편지, 그래도 기다려야 하는 편지……. 이리하여 언제나 쓰고 싶은 한 장의 편지는 남아 있으며, 쓰고 싶은 편지가 남아 있는 한 기다리는 편지도 채비하고 있을 것이다.

어느 날 아침, 창을 열면 어느 틈엔가 삭막한 겨울이 떠나버린 대지 위에서 수선스럽도록 봄이 와서는 봄수풀과 꽃들이 구름처럼 산을 기어오르는 것 같이 보인다. 저 봄산천의 부지런한 숨소리가 가쁘게 창가로 묻어온다. 부드러운 바람이 봄 냄새를 풍기며 '앓이'처럼 가슴에 와 닿는다. 이럴 때 한 장의 편지를 쓰고 싶어진다. 여름날, 뭉게구름이 하늘과 호수로 무리지어 흐른다. 그 흐르는 몸짓 위에 마음을 적어 보내고 싶어진다. 호수 위에 흐르는 구름의 무리를 지켜보며 돌아오지 않는 순간처럼 편지를 띄워보내고 싶은 것이다.

가을날, 휑하니 불어오는 바람으로 뒹구는 낙엽이나 달빛어린 푸른 골짜기에 묻혀서 무엇인가 텅텅 비워버리는 그런 마음으로 가을 편지를 쓰면 어떻겠는가. 그것이 아무 것도 아닌 허무일지라도 그 속의 적료함과 을씨년스런 풍경으로 한 줄기 바람에 스러지듯 편지를 띄우고 싶어지는 것이다.

겨울날에도 얼어붙은 골짜기와 하얀 눈 위에 차라리 뜨거운 입김처럼 호호불며 편지를 쓰고 싶어진다. 때로는 천연스러운 자연의 모습에게도 이끌려 편지를 쓰고 싶어진다.

하늘과 바다와 긴 강과 수풀과 바람에게도, 바위와 언덕과 들판과 갈대와 속삭이는 비에게도 무엇인가 남아 있는 그리움이거나 사랑 같은 것이 가슴에 젖어와서는 간절하고 아쉬움 같은 두려움과 설레임이 오간다. 그래서 쓰고 싶은 한 장의 편지는 언제나 남아 있으며, 받고 싶은 편지도 포기하지 않은 채로 기다리는 것이다.

쓰고 싶은 편지, 이것은 항상 벼르는 편지이며, 갈 데 없는 편지이며, 글자로는 나타낼 수 없는 가슴의 편지이며, 아무리 생각하여도 부족함이 없는 사랑의 편지인 것처럼 여겨진다. 그래서 기다리는 편지는 올 수 없는 편지이며, 쓰여지지 않는 편지이며, 내 가슴으로 와서도 빛깔이나 말로써 읽을 수 없는 그리운 편지인 것 같다.

그러나 쓰고 싶은 한 장의 편지, 그것의 그리움을 위하여 더욱 기다림이 아쉽고 즐거운 것이다.

늦백이 예찬

세상이 팽글팽글 돌아가고, 사람들은 열심히 바쁜 몸짓으로 살아가며, 조금만 머뭇머뭇하다 보면 뒤떨어지는 판국에 '늦백이 예찬'이란 좀 느슨한 제목 자체부터가 어쩌면 굼벵이 낮잠 자다 깨어난 변명처럼 들릴는지 모른다.

그러나 너무 바쁘다 보니 사람들은 서로의 입장을 이해하려 하지 않으며, 구체성이 있는 것밖에는 잘 믿지 않고, 좀 시간이 걸리고 장래 지향적인 가능성에 대해서는 별로 기대도 노력도 하지 않는 습성이 은연중에 만연하여 될 수 있는 대로 받아들이며 정리하는 여유가 없어 자연히 각박해지고, 사람들도 잘아지는 것 같은 생각을 해 보는 때가 있다.

그렇다면 빠르고 정확하게 기계처럼 돌아가는 생활의 톱니바퀴 못지않게 좀 더 여유 있고 삶의 폭이 있으며, 보다 마라톤을 할 줄 아는 그런 '늦백이 예찬'이 생활을 바라보는 각도나 받아들이는 태도에 따라 매우 긍정적인 면이 있을 수도 있을 것이다.

늦백이들은 민첩하고 뛰어나지 못하지만, 꾸준한 의지로 자신의 길을 닦아가며, 언제나 서둘지 않고 받아들이며, 조금씩 조금씩 쌓아가는 성실성을 보이는 것이 보통이다.

재주만 믿고 재주를 부리다 오히려 그 재주의 올가미에 걸려 쩔쩔매는 경우를 보아오기도 하고, 너무 성질이 급해 단숨에 해치우려다가 커다란 시련과 상처를 받게 되는 경우를 찾아보기는 어렵지 않다.

젊은 천재가 더 자라지 못하고, '반짝'하다 그쳐버리는 경우는 너무나 안타까운 일이다. 그러므로 스스로 천재라고 자부하는 재기 있는 젊은이들에게 서둘지 않고 꾸준하게 닦는 모습을 보여주고 싶다. 바보같은 짓거리라고 고개를 돌리더라도 반짝거리다 타버리는 것보다 큰그릇으로 지어가는 것이 옳지 않은가. 어쨌든 늦백이의 지혜로 쌓아가는 도량이 반짝이는 섬광보다 훨씬 크고 빛을 낸다.

늦백이는 좀 어설프고 모자라는 듯하지만, 그 부족함으로써 더욱 사람다운 데가 있으며, 그것으로써 상대적 지혜로움을 받아들일 수 있다. 그래서 늦백이는 언제나 앞으로 나아가는 걸음을 멈출 수 없다. 그러나 올되어 볼가지고 재빠르고 빈틈없는 모습으로 항상 남보다 앞에 있는 것처럼 보이려는 사람일

수록 거짓이 많고, 그 허망함을 쫓다가 일찍 늙어버려 지쳐버리는 수가 많지 않은까.

바로 올백이가 이룰 수 있는 속성인생보다 늦백이가 펼쳐가는 좀 느리고 질기며, 끈끈한 삶으로 쌓아가면서 훨씬 넓고 크게 삶을 펼치고 또 받아들일 수 있는 것은 아닐까.

늦백이는 앞서지 않기 때문에 쫓기지 않고 재주를 믿지 않기 때문에 반짝거리는 명리를 쫓지 않는다. 그러므로 항상 앞서려고 무리하지 않으며, 재주보다 땀방울을 더욱 소중하게 여기기 때문에 반짝 타버리지 않고도 쌓아갈 수 있으므로 남의 말에 너무 예민한 반응을 나타내지 않아도 좋으며, 길을 막는 자와 부딪치지 않고 둘러갈 수 있다.

그래서 늦백이의 길은 긴 강의 흐름처럼 유유한 데가 있다. 긴 강은 흐를수록 깊으며 푸르다. 모난 돌이 정을 맞으며, 재주 있는 행동이 덕을 쌓지 못한다. 너무 앞서려고 날을 세워 설치다가 힘에 부치고, 미움을 사게 되어 낭패한다면 무엇인가.

늦백이의 길은 부족하지만 불안하지 않으며, 우둔하지만 끈기가 있고, 뒤처져도 서둘거나 노여워하지 않는다. 그래서 믿음을 줄 수 있으며, 상대에게 두려움을 주지 않으므로 경계받을 필요가 없다.

그러므로 신경을 쓰지 않고 아주 자연스럽게 한 계단 한 계단 올라갈 수 있다. 비록 거북의 걸음이지만 산꼭대기까지 오를 수 있다는 끈기 있는 의지로 희망을 버리지 않는다. 서둘러

벼락치기로 큰 이름을 원하지 않지만, 높고 큰 뜻으로 쌓아가는 한, 그가 맞이하는 삶의 깊이는 언제나 조금씩 깊어가면서 맑게 고여 차라리 천재들의 서두름으로 타버리는 광채보다 더욱 맑은 지혜로움으로 큰 그릇을 지어가게 된다.

가끔 가을 들판을 걸으면서 몇 톨의 열매로 익어 있는 곡식이나 또는 작은 나무인 채로 늙어버린 과일나무를 바라보면서 늦백이의 예찬을 새삼스럽게 생각해 본다. 비록 올백이가 일찍 결실하여 제 구실을 다하였다고 볼 수도 있지만, 달려 있는 결실의 낟알이나 그 무성함을 늦백이에게 비길 수가 없다. 올백이일수록 외따로 쓸쓸하며 빈약하고 그 초라한 결실을 바라보면 어떤 연민의 정이 싹튼다. 이처럼 올된다는 것은 결국 더 크게 자랄 수 없다는 것을 보여 준다.

늦백이의 어설프고 부족함이 반드시 지혜롭지 않기 때문이 아닐 것이며 우둔하고 서둘지 않음이 진짜 바보스러움 때문만도 아닐 것이다. 이해하고 받아들일 수 있다는 것도 또한 자기의 주견이 없어서 맹목적으로 남의 말을 들으려고 하는 것이 아니라면 이 늦백이의 지혜를 한번 씹어볼 만하지 않겠는가.

'큰 그릇은 늦게 이루어진다'는 격언이 새삼스럽다. 요사이 무슨 일이든지 속결로 종결을 보려 하고, 받아들이는 마음보다는 배타적인 경계심리가 앞서, 좀 어설프고 모자란 듯하면 짓밟아 버리려고 하는 그런 사회 풍조가 만연하고 있다.

그래서 누구든 어떤 일에 부딪히면 모른다고 솔직히 이야기하기보다 눈치를 보며 어물어물 넘어가려 하고, 남보다 뒤떨어지지 않고 따라가려 기를 쓰고 발버둥치게 된다. 그래서 더욱 인심이 각박해지고 볼가지게 올되어 반짝거리다가 소멸해 버리지 않는가. 그러므로 더욱 늦백이가 펼치는 자연스런 적응과 끈기 있는 땀방울로 쌓아가는 드러나지 않는 지혜를 살펴보고 싶은 것이다.

무엇인가 큰 뜻을 드러내지 않고 조금씩 가꾸며 자라고 있는, 여유 있는 늦백이들의 살아가는 모습을 새삼스럽게 예찬하고 싶은 것도 이 때문이다.

전원에서

전원의 푸근하고 평화스러움. 이런 정경을 마음에 지니는 것만으로도 흐뭇한 일이다. 때때로 가파른 삶의 길목에서 지친 발걸음을 멈추고 마음 턱 놓고 쉬어갈 수 있는 여유를 이 전원의 풍경으로 마련할 수 있기 때문이다.

이런 전원을 마음으로서가 아니라 실제로 걷고 있다. 흙냄새가 구수라고 햇빛이 부시게 쏟아지고 있다. 오래간만에 젖어보는 즐거움이다. 신록의 푸른 수풀이 나직나직한 야산野山들을 융단처럼 깔고 멀리 하늘로 몇 점 흰구름이 무심히 흐른다. 서울을 벗어나 외곽의 개발지역으로 옮아 살면서 비로소 맛보는 즐거움이다.

숨을 길게 들이쉰다. 온갖 얼룩과 때가 씻겨가는 상쾌한 기분이다. 바람이 부드럽게 지나간다. 흙냄새 뿐만 아니라 신록의 방향芳香이 섞여 있다. 저절로 휘파람이 나오고 푸근한 정감이 마음을 쓰다듬는다.

뻐꾹 뻐꾹 뻐뻐꾹……. 저만큼 떨어져 있는 숲에서 뻐꾹새가 울고 있다. 어릴 때 고향 마을의 잊혀진 소식을 전해 주는 것처럼 가슴에 닿아온다. 그때 그 가파르던 보릿고개를 숨차게 넘을 때, 작도斫刀보리 짙푸른 벌판을 서럽게 파문하여 허기진 삶을 함께 울어주던 바로 그 울음이다.

쿵덕 쿵덕 쿵더덕쿵……. 디딜방아 소리와 번갈아 가며 고달픔을 함께 해 주던 할머니의 방아타령을 받혀주던 울음이다.

이런 울음소리에 이끌려 점점 숲 가까이까지 다닫는다. 이젠 멧비둘기가 목놓아 운다. 인간사의 온갖 기복과 그 불행을 대신 울어주는 것일까?

지집(계집) 죽고 자식 죽고
내 혼자서 어찌 살꼬.

청승스런 남정네의 서럽고 막막한 울음 그대로다. 어려운 삶의 한 많은 강물, 끈끈하다 못해 완통 핏자국의 험한 물길이다. 할머니 할아버지의 눈시울을 촉촉이 적시며 손주들의 핏속에 심어준 진한 정서의 뿌리, 바로 그것이다. 지집 죽고 자식 죽고–의 음색으로 받아들일 수밖에 없었던 한 많은 겨레의 슬픔을 어쩌면 저리도 구슬프게 홀아비의 목소리로 가슴을 적시고 있는 것일까?

이런 생각을 하며 무슨 마력에 이끌리듯 걷는다. 낯익은 고향길을 걸어가듯 홀아비의 오막살이집을 찾아내고 함께 울어 주고 싶은 심정이다. 쏟아지는 첫여름의 눈부신 햇빛을 듬뿍 받으며 서정의 강물에 떠가는 거룻배처럼 숲길을 들어서지 않을 수 없다.

슬픈 가락의 노랫소리가 차마 보기가 안쓰러웠던지 까치가 상수리나무 위에 높다랗게 앉아 깍깍깍— 반가운 인사로 맞아 준다. 마음씨 착한 흥부네 식구 같은 몸짓으로 조금도 구김이 없는 청빈한 그대로 하늘집 둥우리를 오가며 단란하기만 하다.

길섶의 앉은뱅이 민들레도 노란 웃음으로 아는 체하고, 하얀 찔레꽃은 군데군데 피어서 그윽이 향기를 떨치고, 벌과 나비들은 바쁜 일손으로 나들이하는데 차라리 한가롭다. 마음속에 잠자던 향수, 바로 그것이 새롭게 단장하여 펼쳐지고 있는 것처럼 느껴진다.

보릿고개의 숨찬 허기와 멧비둘기의 구슬픈 울음, 그것은 바로 어릴 때 듣던 그대로이며, 가까운 이웃의 한 스린 서러움으로 젖어 샘물처럼 맑게 흐르고 있다. 이것은 결코 싫지 않은 아픔이요, 서러운 추억이다. 여기에는 오히려 따뜻하고 푸근한 정감으로 엉킨 뿌리가 숨 쉬며 고향의 따뜻한 피가 돌고 있다.

숲길을 들어선다. 울창한 나무들이 가지를 비비며 엉켜 있고, 잎새들은 반짝거리며 생명의 환희를 속삭이고 있다. 풀숲에는 이름모를 풀잎들을 비집고 엉겅퀴가 모반의 장수처럼 버티며 피어 있다. 보랏빛 고운 꽃송이를 다칠까봐 잎새마다 굵은 가시를 달고 경계의 눈초리를 하고 있다. 이 자연의 오묘한 섭리, 그 야성野性의 끈질긴 생명력에 외경畏敬 갖지 않을 수 없다.

여기저기서 이름모를 새들이 나뭇가지를 넘나들며 지저귄다. 낯선 침입자에 대한 경계의 몸짓이 틀림없다.

짹꼴 짹짹골 내 성 고가고가요
짹골 짹짹골 내 성 김가민가요

숲속의 명창이 맑고 경쾌한 목소리로 제 소개를 하면서 침입자가 누구인지 물어오는 것처럼 들린다. 어릴 때 개구쟁이 동무들이 모여 새소리를 시늉하며 묻고 회답하던 그대로다. 반가운 인사의 노랫가락이다. 내 성 고가고가요, 짹짹골. 네 성 김가민가요, 짹짹골.– 잊혀진 동무의 목소리가 살아나고 있음을 어찌하랴.

갑자기 놀라지 않을 수가 없다. 장끼가 풀숲을 헤치고 끼– 끼– 하고 푸득거리며 날아간다. 음치도 잠자코 있을 수 없는 모양이다. 이쯤되면 숲속의 인기 가수 꾀꼴새도 나타나지 않을 수 없다. 한 쌍의 사이좋은 부부가 그 유려한 날갯쭉지를 퍼득거리며 희롱한다.

꾀꼴 꾀꼴 꾀꾀꼴
꾀꼴 꾀꼴 꾀꾀꼴

깨알이 쏟아지듯 정다운 사랑놀이, 싱그러운 젊음을 느끼지 않을 수 없다. 첫여름의 숲속, 온갖 삶의 애환을 걸러가며 귀에 익은 울음과 기쁨의 노래가 그치지 않는다. 이 얼마나 아름다운 자연의 교향곡인가. 이렇게 오래간만에 휴일을 맞아 동산처럼 펼쳐진 전원을 찾은 기쁨, 그것은 고향의 품에 안긴 듯 푸근하고 지족知足함을 깨닫게 한다.

돌아오는 길에도 뻐꾹새와 산비둘기의 울음은 내내 그치지 않고 점점 멀어져 여려가고 있을 뿐 지워지지 않는다. 마치 어린 날의 추억이 점점 희미하게 지평선에 가려 사라져 가는 것처럼.

혼자 걸어가며

혼자 걸어가며 생각한다. 이것저것 떠오르는 것이 많다. 온갖 세상일의 끄나풀에 얽매이며 비롯되는 삶의 풍경이다. 삶에 매달리고 정념에 물들여진 끈끈한 강이다. 원하든 원치 않든 상관없이 흘러간다. 그 강의 변덕과 정경은 짐작하기가 어렵다. 때로는 수선스럽고 생기에 차지만, 아차하면 천길 낭떠러지에 곤두박질하여 소용돌이에 휘말려 어지럽고, 그러다가 잔잔히 갈앉아 가을과 노을이 펼쳐지고 어느 틈엔가 겨울바람이 쌩쌩 불기도 한다.

피할 수 없는 길이다. 온갖 애환이 따르는 체험의 길이며 연륜이다. 우거진 계절과 뜨거운 가슴으로는 맞이하기 힘든 맑고 잔잔한 풍경, 비로소 혼자서 걸어가며 바라볼 수 있는 것이다. 한층 외로운 마음으로 깊숙이 걸어가면 흐린 빛은 지워지고 가을 물밑처럼 지난 기억이 선명해진다.

열심히 살아온 것이 대견스럽지만 내세울 것이 없다. 푸른 잎새는 갈잎으로 스러져 흙이 되고, 열음은 싹을 틔워 내 곁을 떠나 있다. 아무 것도 아닌 빈 그림자에 매달려 부질없이 쫓아온 것처럼 덧없고 허전하기만 하다. 아무 것으로도 채울 수 없는 마음, 순간 한 줄기 빈바람이 스쳐간다. 부끄럽고 못난 모습이 거울에 나타난다. 내 얼굴 같지 않는 내 얼굴, 내 생각 같지 않는 내 생각으로 가득 차서 질기고 끈끈한 강을 이루며 어디론가 내닫고 있다. 텅텅 빈 곳, 어디에도 기댈 언덕이 없고 머물러 쉴 곳이 없다. 열려 있는 것 같지만 닫혀 있고, 닫혀 있는 것 같으면서도 흘러간다. 아무리 벗어나려 해도 성곽이 높고 사슬이 튼튼하여 끊을 수가 없다. 정념과 핏줄에 엉켜지어가는 삶 때문이다.

한 치의 앞도 내다볼 수 없으면서도 우선 살아 있다는 사실, 이 하나만으로 황송하고 고마워서 이것저것 기웃거리며 머물게 되고 땀방울을 쏟아 잎새와 꽃을 피우듯 들끓고 있다. 그리하여 언제나 목마르면서도 쫓기기만 하고, 빈 바람과 텅 빈 하늘을 가슴 가득히 채우면서 쌓인 먼지를 훌훌 털지 못한다. 살아 있다는 질긴 집착, 스스로의 선택과는 상관없이 타고 있는 불꽃 그것 때문이다.

삶으로서는 벗어날 수 없는 우리, 그 허망을 비로소 깨치고 있는 것일까. 하늘이 비어 있어도 채워지지 않고 어디론가 흘러가며 사라지는 구름의 무리들, 꾸역꾸역 어디론가 가고 있다. 아무리 걸어가도 어디로 가야 할 것인지 갈등이 있는 길, 그러면서도 쉬임 없이 가야 하는 길, 이런 생각을 하면서 걸어간다. 무심한 채로 열리는 쉼터, 그 적요한 뜨락을 은자의 자적自適으로 먼지를 털고 싶다.

이런 탈속의 꿈은 가끔 빈뜨락에서나 지니는 것일 뿐, 삶의 현장에서 겪는 온갖 얼룩과 채색과 허우적거림을 물리치지 못하고 오히려 아끼며 사랑하고 있다.

치열하게 삶의 불꽃을 태우며, 그 넉넉함과 아름다움에 이끌리고, 그 모자람과 꺾임에 한탄하고 아파하며, 그 만남과 헤어짐의 계절과 정념에 가슴 조아리게 한다.

바다처럼 펼쳐진 그 길, 어디에서 시작되었는지 어느 방향으로 뚫렸는지 알 수 없지만 삶은 내게 가득 차 있으며, 이렇게 실재하고 있는 것이 아닌가. 그리하여 삶은 한층 의미 있게 뜨겁고 절실한 것이다. 그렇다. 이 때문에 괴로워하고, 무너지는 것을 두려워하며 지푸라기라도 꼭 잡고는 삶을 실현하려는 것이다. 그러나 부질없는 일, 썩은 새끼줄을 잡고 촌각을 다투고 있는데 지나지 않는다. 때로는 파도에 밀리면서 침식되고 세월에 씻기며 망각되어 가고 있는 것을.

이런 생각을 하면서 걸어간다. 하늘도 쳐다보고 먼산도 구름도 바라보며, 발 아래 돌부리도 건드려 보며 혼자서 걸어간다. 무슨 해답을 구해서가 아니다. 망각 때문에 더욱 아끼며 사랑하고, 허무 때문에 매달린다. 그 삶의 불꽃, 참으로 외로운 길이다. 잘 가야 하는 길이다. 삶의 실재와 한계를 살펴보며 덜 부끄럽게 사는 법을 체득하기 위해서이다. 집착과 허무, 옳고 그른 것의 빛과 어둠을 오가며 흔들리거나 허우적거리며 목마르게 하는 길이다.

잠자지 않는 불꽃, 마르지 않는 강, 살아 있는 한 자를 수 없는 뿌리이다. 그것은 너무나 깊고 절실하고 아픈 것, 혼자 걸으며 삭인다.

삶의 잎새가 숲을 이루고, 그 정념의 덩굴이 엉켜 있다. 이런 삶의 풍경을 때때로 빈바람이 깃들며 흔든다. 문득 하늘이 새파랗게 열려 있고 구름이 흘러가는 것을 깨치게 한다.

조용히 들려오는 세월의 여울물소리, 온갖 상념을 씻으며 혼자이게 한다. 돌아오는 빈자리 때문이다. 숲 저 너머의 어둠 속으로 외로운 불빛을 켜고 혼자 길을 찾아나서지 않을 수 없다.

행복의 조건

지나가는 사람 아무나 잡고 '당신은 행복합니까?' 하고 물어보면 '그렇다'고 쉽게 대답할 수 있는 사람이 몇이나 될까 하고 어림해 본다. 아마 고개를 가로 젓는 사람이 대부분이 아닐까 한다. 그만큼 행복이란 우리의 일상과는 거리가 먼 욕망의 저편에서 손짓하는 무지개일 뿐이다.

행복이란 모자람이 없는 삶이란 것쯤은 모르는 사람이 없다. 그러나 무엇으로 이런 삶을 이룰 수 있을 것인가에 대해서는 한결같지 않을 것이다. 요즈음의 세상 모습을 앞세운다면 경제적인 충족을 행복의 제일 조건으로 삼을 것이며, 그 다음에 이런저런 것들을 내세울 수 있을 것이다. 사실 경제적인 능력을 갖추게 되면 어지간한 것들은 그 힘으로 해결된다고 하겠다. 그리하여 한탕하면 된다는 이기주의가 눈을 부라리게 되었고, 돈을 수중에 넣기 위하여 수단과 방법을 동원하고 있다 해도 과언이 아니다.

그러나 지나치게 경제력에 의지하는 삶이란 궤도를 벗어나기 쉽고, 이에 따라 거칠고 황폐한 삶을 자초하고 있음을 어찌하랴. 판검사나 의사로 대표되는 엘리트 계층의 혼사에는 그 전제조건으로 신랑이 몇 개의 열쇠를 요청한다든지, 무슨 개발지역을 둘러싸고 검은 모갯돈이 오간다는 이야기는 결코 소문만이 아니었다.

심지어 남편인 젊은 엘리트가 아내의 지참금을 문제삼아 트집과 폭력으로 쇠고랑을 차는가 하면, 아비와 아들 간에 회사의 경영권을 다투며 등을 돌리는 일이 있고, 형과 아우가 몫을 더 차지하기 위하여 진흙밭에서 싸우는 꼴을 심심찮게 보게 된다. 이런 세상의 모습에서 무슨 행복의 조건을 말할 수 있겠는가. 오히려 불행의 화근임을 보여주고 있을 뿐이다.

그렇다면 행복의 조건으로서의 경제의 힘은 맹목성을 지니는 것이 아니다. 자기의 분수를 지키고 정도와 여건에 따라 만족할 줄 알 때 행복이라는 파랑새를 찾아낼 수 있는 것임을 깨쳐준다고 하겠다.

이런 행복의 문제는 예부터 많은 사람들이 나름대로 생각해 왔고, 그 조건들을 제시해 왔다. 이 가운데 오복五福이라는 것을 흔히 든다. 오래 살고, 부를 누리며, 건강하고, 평안하며, 높은 덕과 벼슬 등으로 귀하게 되며, 자손을 많이 둔다는 것이 그것이다. 이런 오복의 갖춤이란 스스로의 의지에 의해 이룩되는 것이 아니라 타고나야 하는 것이다. 이와 같은 객관적인 행복의 조건은 운명적으로 타고난 소수의 사람들을 빼고는 좌절과 불운을 확인시켜줄 뿐이며, 시대적으로도 다자손多子孫의 조건은 맞지 않다.

그러므로 대다수의 보통사람들에게는 원천적인 희망을 앗아가는 운명론적 행복의 조건과는 별로 친숙할 수 있는 것이 아니며, 그 의미도 없다 하겠다.

오히려 오복 따위의 조건과는 상관없이 온갖 역경과 불운을 딛고 삶을 만족스럽게 끌고 가는 길이 있다면 이것이야말로 운명을 극복하는 길이며 보람된 삶이라고 하겠다.

이런 주제의 이야기는 서양의 동화에서나 우리의 고전소설에서 흔히 찾아볼 수 있다. 신데렐라의 이야기가 그렇고, 심청전이나 춘향전의 이야기가 그렇다.

선한 편의 주인공은 온갖 고초를 겪게 되나 마침내 장애를 극복하고 행복에 이르게 된다. 선善의 편은 그 마지막의 절박한 상황에서 보이지 않는 큰 힘의 도움을 받게 되며, 세속적인 어두운 모습은 말끔히 씻게 되는 것이 보통이다.

이들 선한 사람들이 맞이한 행복을 오복이라는 자尺로 잴 수 있는 것이 아니며, 더구나 욕망이라는 불꽃과는 애초부터 뿌리가 다른 것이다.

미움과 심술과 시샘으로 온갖 구박과 불운을 안겨주던 그들이야말로 오늘날 수단 방법을 가리지 않고 돈과 그 힘을 믿고 있는 사람들과 다를 것이 못된다.

역경을 딛고 맞이하는 행복의 빛은 어떤 극적인 장면이 전개된다 하더라도 아름답다. 세상의 어떤 일이라 하더라도 역경이라는 단련을 거치지 않는 행복이란 덤덤하게 생각되는 것을 어찌하랴.

지금까지 행복의 조건은 눈에 보이는 삶의 모습을 앞세우고 있다는 점에서 삶의 지혜라는 높은 자리와는 차이가 있는 것이다. 그것이 욕망의 불꽃으로 마련한 것이든지, 타고난 지복至福에 의한 것이든지 간에 삶의 구체적인 모습을 보여주고 있다. 여기에는 스스로 마련하는 삶의 한계와 그 분수의 자족함을 찾기에는 미흡하다.

생각하기에 따라 천당도 가고 지옥도 간다는 속담이 있다. 이 말은 스스로의 내면적 조건을 전제로 하고 있다는 점에서 눈에 보이는 현상과는 상대적이라 할 수 있다. 이런 조건은 경제적이거나 명예의 집착보다도 자신의 한계와 그 분수에 따라 즐길 수 있는 지혜이며, 이것은 욕망의 불꽃으로는 어림없는 경지라고 할 수 있다.

그렇다고 경제적인 조건을 전연 취하지 않고 살아갈 수 있는 것이 아니다. 그러므로 욕망이라는 엉덩이의 뿔을 어떻게 다스릴 수 있으며 어느 선에서 멈출 수 있는가에 따라 달려 있다. 욕망이란 언제나 목마른 것이며 부족함을 느끼기 때문이다. 이것을 내버려두고는 아무리 만족한 자리를 찾으려 해도 방황을 멈추거나 목을 축일 수 있는 것이 아니다.

> 산 너머 언덕 너머 더욱 더 멀리
> 행복은 있다고 사람들은 말하네.
>
> 그러나 그를 좇아 남 따라 갔다가
> 눈물만 머금고 돌아왔다네.
>
> 산 너머 언덕 너머 더욱 더 멀리
> 행복은 있다고 사람들은 말하네.

이 시는 칼 붓세의 '행복'이라는 제목의 전문이다. 흔히 행복이 갖는 허황한 꿈의 부질없음을 명료하게 깨쳐주고 있다.

이 시의 내용에서 보여주듯이 행복은 산 너머 언덕 너머 아득한 곳에 있는 것이 아니다. 멀리 있다고 생각한다면 그것은 아름다운 동경이며 욕망의 끝없는 지향성일 뿐이다.

그런데도 사람들은 가까이에서 행복을 찾으려 하지 않고 달콤한 이야기에 이끌려 산 너머 언덕 너머 더욱 더 먼 곳에 있는 무지개를 좇아 온갖 고초와 헤매임을 하게 되는 것이다. 그렇다고 관념의 세계에서 막연하게 꿈꾸던 무지개를 현실로 잡아올 수 있는 것이 아니다.

그러나 그 헤매임을 통하여 무지개의 허망을 깨치게 된다. 그것은 멈출 줄 모르는 욕망의 불꽃이며, 허황한 꿈이라는 것을.

이처럼 행복이란 먼 곳에 있는 것이 아니라면 가까운 곳에서 찾아볼 수 있을 것이며, 또한 욕망이라는 불꽃으로 성취할 수 있는 것이 아니라면 소박한 마음으로 돌아가는 수밖에 없다.

나물 먹고 물 마시고
팔을 베고 누웠으니
대장부 살림살이
이만하면 넉넉하다.

이것은 안회顔回의 시이다. 이 시에서 청빈한 삶을 느낄 수 있어도 불행의 그림자를 찾아볼 수 없다.

안회는 공자孔子의 높은 제자로 뛰어난 학문을 지녔지만 찢어지는 가난으로 불우한 삶을 마쳤다고 한다. 그는 가난을 괴로워하지 않았고, 성내거나 잘못을 저지르는 일이 없었다고 전한다.

세상 사람들은 안회의 삶을 불행하게 비춰보며 가슴 아파한다. 그러나 불행을 느끼고 있는 것은 안회가 아니다. 다른 사람들이 상대적으로 견주어봄으로써 불행하게 생각할 뿐이다. 오복 따위를 그 삶에 재어봄으로써 그 불행을 만들고 있다.

안회의 시를 읽으면 불행보다 오히려 넉넉한 마음을 느낄 수가 있다. 나물 먹고 물 마시는 가난한 삶이라 하더라도 누구를 원망하거나 한탄함을 찾아볼 수 없다. 오히려 주어진 삶에 만족감을 느낄 수 있다. 그렇다면 안회의 삶을 결코 불행하다고 할 수 없다.

이런 점에 있어서 안회는 누구보다도 지족知足의 삶을 보여준다. 물론 이런 삶을 아무나 즐길 수 있는 것이 아니며 이런 경지에 이르고 실천하기란 여간 어려운 일이 아니다.

온 세상 사람들 거의가 행복을 느끼지 못한다는 것은 욕망이라는 늪을 헤어나지 못하기 때문일까. 어쨌든 흐려진 세상 인심의 한가운데로 분수에 따를 줄 아는 넉넉함을 햇빛처럼 쏟아붓고 싶다. 행복의 조건은 돈에 있는 것도, 운명에 있는 것도 아닌 자신의 마음에 달린 것임을 깨쳐볼 따름이다.

임금님 귀는 당나귀 귀
장승
원효의 기행奇行
가을 숲길의 대화
느긋해지는 연습
빈자리를 마련하며
나의 약점
술과 나

임금님 귀는 당나귀 귀

바람결에 들리는 말이 귀를 쫑긋하게 세운다. '임금님 귀는 당나귀 귀' 하는 것처럼 함부로 나눌 수 없는 이야기지만 이런 말일수록 재미가 있어 입맛을 당긴다. 무엇인가 모습이 뚜렷하지 않으면서도 흘려버릴 수 없는 비밀스런 내용이 한층 호기심을 자극하기 때문이다.

이와 같이 세상일이란 숨기고 싶을수록 퍼뜨리고 싶고, 그리하여 귀엣말로 건네던 말이 여러 사람들의 입에 오르내리는 풍문이 된다.

'임금님의 귀는 당나귀 귀'가 마침내는 임금님의 이마에 혹이 달리거나 엉덩이에 뿔까지 솟아나게 되기도 하여 비밀이란 숨겨진 장막 때문에 오히려 소문이 커져 걷잡을 수가 없게 되기도 한다. '낮말은 새가 듣고 밤말은 쥐가 듣듯' 비밀이란 여간해서 지키기가 어려운 것이며, 굳이 숨긴다는 것이 더 어렵게 만들고 부질없음을 보여주는 우화의 한 토막이라 하겠다.

'임금님의 귀는 당나귀 귀' 하고 아무도 없는 갈대숲에서 외쳐 부른 이발사의 속 시원한 발산이나, 이 소리를 숨기지 못하고 바람결에 퍼뜨린 갈대소리는 무엇인가. 세상일의 참모습을 발가벗긴 채로 보여주는 것 같이 느껴진다.

마침내 임금님의 프라이버시는 공개되고, 이발사는 아는 것이 병이 되어 죽게 된다. 이 우화를 통하여 비춰볼 수 있는 세상의 모습에 절로 웃음이 나온다. 우화의 풍자성이 신랄하여 오늘날의 세태에도 시사되는 바가 크기 때문이다.

더러 사람들은 오늘날을 가리켜 우화의 시대라고 한다. 이런 시대로 규정하는 데는 그럴 만한 까닭이 있어서 그렇겠지만 좋은 뜻을 담는 것은 아니다. 내일을 가늠할 수 없는 답답한 세상, 이발사들이 직업상 보고 들은 것을 외진 갈대숲을 찾아 몰래 발산한다. 그야말로 풍문風聞이 되어 '임금님 귀는 당나귀 귀' 하고 옮긴다. 갈대밭을 찾고 싶은 것이 어찌 이발사뿐이겠는가.

이처럼 우화의 시대란 제대로 열려 있는 삶의 현장으로 볼 수 없다. 이발소의 칸막이처럼 가린 답답한 계절이다. 그래서 비밀스러워 조심스러운 데가 있다. 그러므로 우화의 시대는 믿고 따를 수 있는 장치가 무너진 불안한 시대며, 힘과 권위에 치우친 굳은 시대라는 뜻을 담고 있다. 그만큼 스스럼없이 열려 있지 않다는 말이다.

이런 시대에 살고 있다는 것은 현실에 대한 긍정보다 어둡고 부정적인 것을 전제로 하고 있다는 점에 있어서 불행한 시대의식이 깔려 있다.

우화는 돌아가는 길처럼 부딪히지 않는 승화된 표현의 수단이며, 답답하고 막히고 한서린 사람들의 배설처럼 바람이 불면 갈대숲에서 함께 외쳐 부르짖는 목소리다.

대개 신화가 가진자의 편의로 만들어진 권위와 영광의 상징성을 강하게 드러내고 있다면 우화는 흩어지고 버려지고 잃은 자의 아픈 체험과 명암이 깔려 있다. 그러므로 우화의 세계에서는 가면극의 연출처럼 현실의 모순과 비애와 풍자가 짜릿한 쾌감으로 발산시켜 준다. 이런 까닭으로 바람이 불면 언제라도 약속이나 한 듯이 '갈대숲의 시늉소리'가 숨겨진 비밀을 담은 귀엣말이 퍼지게 된다.

바로 우화의 재미와 생명력은 여기에 있다. 그러므로 아무리 어둡고 침울한 상황적인 긴박감 속에서도 별로 물리적인 힘과 부딪힘이 없이 부드럽고 재치 있게 마음을 나누는 짜릿하고 시원함이 있는 것이다.

우화라면 누구든 '이솝'을 생각할 수 있으며 이 천재적 우화작가도 그 시대를 무사히 넘길 수 없었다는 사실은 그 시대의 경직된 권위주의와 우상의 시대를 상정해 볼 수도 있다. 전쟁포로라는 특수신분으로 할 수 있는 유일한 발산을 통하여 변치 않는 사람의 마음을 읽고 있음에 탄복하지 않을 수 없다. 긴 세월의 시차와는 상관없이 우리 일상의 모습 그대로 보여주고 있으며, 이웃과 만나면 더러 우화의 주인공이듯 비슷한 체험을 만들고 있음에랴.

더러는 시원하게 발산하기도 하고, 더러는 뜨끔하게 아픈 가책을 맛보게 되는 우화, 어린이에게는 어린이의 수준에 맞게, 어른에게는 어른의 깊이와 세계가 열려 있는 것이다.

아무리 우화의 시대가 어둡고 어려운 시대라고 하더라도 우화의 시원한 맛은 팽팽한 긴장 가운데서도 웃음을 선사하고 여유를 던져주게 된다. 한 사람의 가슴보다 모든 사람들의 가슴을 쓰다듬으며 위로해 주기도 하고 화살처럼 꽂히기도 한다. 그리하여 저마다 다른 거울로 비춰볼 수 있는 빈자리를 마련할 수도 있고, 별로 번잡하지 않는 길가에서 적당히 눈치를 살피며 거리낌 없이 시원하게 방뇨하는 즐거움을 느낄 수도 있다. 그리하여 적당히 살펴 바로 잡기도 하고, 적당히 실수하여 답답한 삶을 발산하거나 씻어버릴 수가 있다.

이처럼 우화는 세상의 차고 굳어진 가슴을 깨우거나 녹일 수 있고, 고달프고 찡그린 얼굴의 주름을 잠시나마 펴주며 배설을 시켜준다. 이런 속성을 지닌 우화의 세계에서는 아무리 굳고 차가운 우상이라 하더라도 화살처럼 닿아오는 재미와 풍자 앞에 상을 찡그릴 수만은 없는 것이며, 오히려 차가운 청동의 근육에도 핏줄이 뻗치고 마침내 권위의 높은 계단을 내려와 허구로 꾸며진 신화를 벗어버릴 때까지 '임금님 귀는 당나귀 귀' 하고 갈대밭의 바람에 실려 오는 소리가 귓전을 울리며 괴롭힐 것이 아닐까.

오늘도 어느 외진 갈대숲으로 몰래 찾아가 참아왔던 비밀을 거리낌 없이 외쳐 부르는 이발사의 시원한 목소리가 바람결에 들리고 있다. '임금님 귀는 당나귀 귀!' 하고.

장승

마을의 수호신 하면 장승을 떠올리게 된다. 그만큼 장승은 우리네 민속에서 빼어놓을 수 없는 것이다. 이런 장승이 점점 마을의 수호신에서 밀려나 민속촌에 갇혀 있는가 하면 호사가들이 끌어내서 장식으로 세워놓고 지나는 사람들의 눈길을 끌고 있다. 나무에서 시멘트로 재질이 바뀌고, 황토와 옻칠 대신에 페인트로 말쑥하게 옷을 입혀 놓고 있다. 세상의 변화에 입지立地도 외모도 시류를 좇아간다고 할까. 그러나 영 호감이 가지 않는다. 차라리 타락한 물신을 뽐내듯이 천하게 보일 뿐 수호신으로 갖는 두려움과 공경심을 느낄 수가 없다.

어릴 때 대하던 장승은 그렇지 않았다. 마을 어귀에 자리잡으면 함부로 옮길 수 있는 것이 아니었다. 신목神木에 칠이 벗겨지고 금이 갈수록 오히려 신기神氣의 외경을 더 하였고, 지나는 사람들도 삼갔다.

이런 아쉬움은 옛날로 돌아가자는 것이 아니며, 옛것에 대해 제대로 알지도 못한다. 그런데도 이런 생각을 하는 것은 오늘날 문명이란 이름을 앞세워 옛것을 함부로 하고, 잘못 나타내고 있기 때문이다.

장승과 같이 민속의 깊숙이 숨 쉬고 있는 것은 그 바깥 꼴의 시늉보다 그 속의 얼을 잇는 것이 중요하며, 이런 일은 건성으로 적당 적당히 되는 것이 아니다. 조상들의 기원과 정성을 오늘에 맞게 살려낼 때 의미 있게 된다.

몇 해 전의 일이다. 무슨 연고로 하여 동해안을 여행한 일이 있었는데 우연히 때가 맞아 옛 풍습 그대로 장승을 세우는 마을 잔치를 구경한 일이 있었다. 마을 이름은 생각나지 않지만 오십호 남짓한 반농반어의 마을이었다.

나의 관심사는 장승이 어떤 영험의 표상물로 세워지는 것이며, 마을 사람들에게 무슨 의미가 있는가 하는 것 등이었다. 나는 자랄 때부터 장승을 보아왔지만 이런 점이 늘 궁금하였다. 그래서 어른들께 물어보았지만 그 내력에 대해 말하지 않고 그저 마을을 지키는 신목이라면서 가까이 가지 못하게 하였다. 마침내 이런 궁금증을 풀 수 있는 기회가 될 것 같아 자세히 지켜보았다.

숲들이 싱그럽게 우거지는 첫여름이었다. 한길이 뚫린 마을 어귀는 금줄이 쳐 있었고, 칼을 든 무당이 춤을 추며 신장神將

을 인도하면 마을 사람들은 미리 준비한 천하대장군天下大將軍과 지하여장군地下女將軍의 장승을 세우고, 베로써 몸을 감쌌다. 그 옆에는 오리인지 기러기인지 분명하지 않은 새가 세 마리 앉은 솟대를 세웠다. 노인들은 이를 진대배기라고 불렀으며, 신의 영험이 처음 내리는 곳이라고 했다.

무당의 굿이 장승에 이르면 의관을 갖춘 제주들이 감싼 베를 벗기고, 소머리와 음식을 차린 상 앞에서 무슨무슨 장군의 이름을 부르고 제문을 낭송한 뒤 절을 하게 되면 장대에 기旗를 단 마을 사람들이 줄을 지어 장승의 둘레를 빙빙 돈다. 이때 무당은 신이 내려 칼을 휘두르며 장군의 위의를 보인다.

이렇게 잡귀잡신을 내쫓고 마을의 수호신을 세우는 굿거리가 진행되는 동안 마을 사람들은 하나가 되어 있고, 조금 떨어진 큰 마당에는 긴 나팔소리가 울려 퍼지면서 탈바가지를 쓴 화랭이들이 신명나는 극을 펼치고 있었다.

이전에는 이런 마을 행사가 삼년마다 열렸는데 관청에서 미신이라고 말리고, 챙기는 유사도 없어서 십여 년 걸러서야 하게 되었다고 한다. 그것도 지난해에 잇달아 풍랑에 배가 뒤집혀 생목숨을 앗아가고, 젊은이들은 도시로 빠져나가 마을이 피폐해지자 노인들의 주선으로 이뤄졌다고 한다.

지금은 세상이 바뀌어 관청에서도 민속이라고 권장하고 있지만 관심을 두는 사람이 적고 일손이 마땅치 않아 쉽지 않았다고 한다. 관청에서 신목깎기 경비를 지원해서 일을 추진할 수 있었다고, 그간의 사정을 소상히 들을 수 있었다.

노인들은 조상들이 하던 것을 함부로 버리면 재앙을 받게 되는 것이라며, 지난해의 액운도 그렇게 생각된다는 것이었다. 이처럼 노인들에 있어서 이 잔치는 단순한 민속의 복원이 아니라 신앙으로 젖어 있었다. 그러나 노인들도 앞으로는 그들의 뜻과 같이 되지 않을 것임을 알고, 이번이 마지막이라면서 마을 사람들을 독려했다고 한다.

나는 이때서야 장승을 세우는 이런 잔치를 별신제別神祭라 부른다는 것을 알았고, 조금이나마 그 유래를 새겨볼 수 있었다. 즉, 주신인 산신山神을 제사지내는 동신제洞神祭(또는 당산제堂山祭)에 버금가는 것이며, 마을 밖에 나가 억울하게 죽은 귀신을 달래어 재앙을 막고, 마을 어귀에 장승을 세워 신장의 거처로 삼아 액귀厄鬼들을 물리친다는 것이다. 그리고 옛날에는 이런 잔치가 있을 때마다 이웃마을도 참여하면서 난장이 벌어져 시장의 기능도 함께 했다지만, 지금은 주막 몇 개 펼쳐놓고 감자떡을 굽는 정도로 대신하고 있었다.

지금 같은 문명시대에 이런 별신제가 어떤 영험을 갖는지에 대해서는 굳이 따질 필요가 없다. 중요한 것은 마을 사람들의 마음을 하나로 묶어 주고, 또한 재앙의 불안 없이 편안하게 보낼 수 있다는 믿음이 그 속에 있으면 된다.

나는 평소에 민속에 대해 관심을 가지고 있으면서도, 이런 굿에 대해서 대수로 여기지 않았다. 초등학교 때부터 미신이라고 배워 왔고, 상식적으로도 초자연이나 범신적인 영험을 믿지 않았기 때문이라 하겠다.

그러나 요사이는 좀 달라졌다. 그렇다고 무슨 영험을 앞세워 신앙으로 복원하자는 것이 아니며, 그렇게 될 수도 없다. 단지 과거에 맹목적으로 부정하고 배척하던 지나친 생각을 버리고, 우리 것에 대한 이해와 애정으로 근본을 찾아 자신을 제대로 알며, 또한 시대의 흐름에도 맞게 하자는 것이다. 그러니까 비로소 자기 성찰을 통하여 눈을 뜨고 있는 것이다.

누구나 하늘에서 떨어진 것도, 땅에서 솟아난 것도 아니다. 지금부터라도 핏줄의 엄숙함을 깨닫고 뿌리를 튼튼히 가꿀 때 민속으로 이어져오는 것들이 버림받지 않고 고향의 뜰을 지켜갈 수 있고, 스스로도 떳떳할 수 있다는 전제에서다.

나는 동해안의 작은 마을에서 벌어진 별신제를 구경하면서 느낀 점이 많다. 장승 한 쌍을 세우는데 온 마을이 정성을 기울이고, 특히 제주는 한밤에 목욕재계하고 바깥나들이도 삼가면서 한 점의 부정함도 없도록 삼간다고 한다. 이렇게 만들고 세운 장승에서 신목의 경건함을 느끼지 못한다면 오히려 이상한 일이 아닐 수 없다.

나는 아직도 우리 민속에 대해 익숙하지 않은 것이 더 많고, 때때로 갈등과 방황을 숨기고 싶지 않지만, 내 뿌리에서 잃어가고 있는 것을 찾아서 살려내고 싶다. 그리하여 물신에 타락한 장승이 아니라, 조상의 간절했던 기원이 무엇인가를 느껴

보고 싶은 것이다. 내 삶의 잃어버린 한 부분이 그곳에 있을 것이기 때문이다.

우리의 민속이 지워지거나 천대받고 있는 한, 우리의 뿌리는 편안하지 못할 것이다. 나는 지금 어느 마을 어귀에 신목의 영험이 깃든 장승을 생각하며 민속의 의미를 곱씹고 있다.

원효의 기행奇行

행색이나 짓거리가 사뭇 다르고 언행이 상식과 동떨어져 있다면 광인이거나 기인奇人의 둘 중의 하나일 것이다. 역사를 살펴보면 가끔 이런 기인이 나타나서 세상의 답답하고 어려움을 시원하게 씻어주기도 한다.

이런 기인 가운데 원효元曉를 꼽을 수 있다. 그가 단순한 파계에 그쳤고, 목적 없는 기행이었다면 그에 대한 평판은 점점 지워져 버렸을 것이다.

원효의 행적을 살펴보면 그의 파계나 기행이 결코 우발적일 수 없다는 것을 느끼게 한다. 오히려 철저한 시대의 인식을 바탕으로 하고 있으며, 이에 따라 형식과 존엄을 벗어버림으로써 걸림이 없고 차별이 없는 삶의 길을 실천한 것이라고 하겠다.

어느 시대나 가릴 것 없이 전쟁 후, 찢어진 민심과 상처는 무력으로 치유할 수 있는 것이 아니다. 더욱이 골육상쟁이랄 수 있는 통일전쟁 후의 모습을 상상해 보면 더욱 그렇다. 누군가가 이것을 씻어주고 쓰다듬으며 하나의 마음이 되도록 해야 한다.

그러나 이런 일은 아무나 맡을 수 있는 것이 아니다. 하늘과 땅 사이처럼 벌어진 깊은 수렁을 메우자면 이에 걸맞는 사람이 필요하다. 그리하여 당대의 고승 원효가 이 엄청난 일을 맡기 위하여 파계를 한 것은 아닐까. 그리하여 이때부터 그의 기행이 시작된 것으로 짐작된다. 사람들이 오가는 큰길에서 갑자기 큰 소리로 미친 듯이 노래를 불렀다는 것도 이상하거니와 그 노래의 내용이나 진행 과정을 살펴보면 더욱 그런 생각을 하게 된다.

'자루 없는 도끼를 얻으면 하늘 받칠 기둥을 깎으리라'는 노래가 지닌 상징성도 그렇거니와 이 노래의 뜻을 아무도 알 수 없었으나 태종만이 그것을 알아차리고 요석공주와 짝을 짓게 하여 설총을 잉태하게 했다는 것도 그렇다.

원효는 이로써 파계를 하게 되고, 저자거리의 조롱감으로 뭇사람들의 입에 오르내렸으나 요석궁에 오래 머물지 않았다.

이미 원효의 존엄은 찢어져 백성들의 아픈 마음과 다르지 않았고, 궁중의 호사를 버림으로써 계율보다 어려운 차별을 벗어나서 걸림이 없는 마음을 실천하고 있었다.

파계승 원효가 소성거사小性居士를 자청하고 거리를 기웃거리며 광대의 행색이나 짓거리에 관심을 갖게 되는 것도 그 속에서 민중의 마음을 환히 읽고 있었기 때문일 것이다.

그는 마침내 광대의 행색으로 민중의 깊은 바닥을 뛰어들었다. 그는 고승이 아닌 파계승으로 때로는 조롱을 받으며, 때로는 어울리며, 노래를 부르고 춤을 춘다.

광대들이 바람을 잡기 위하여 꿰차는 뒤웅박을 무애無碍라고 이름을 짓고, 이름에 의지해 무애가無碍歌를 지어 부르며 춤을 춘다. 이런 모습은 상상으로도 가관이다.

이 미치광이 파계승의 행동거지는 그야말로 걸림이 없는 '무애' 그것이었다. 그는 거지 떼의 두목이 되기도 하였다.

그의 행색은 백성들의 입에 오르내렸고, 그를 따라 함께 노래 부르고 춤추는 사람은 차별이 없었다. 뒤웅박으로 재주놀음을 하며 노래를 부르면 모두 따라 부르며, 어깨를 우쭐우쭐, 몸짓은 덩실덩실하였다니, 여기에 반목이니 갈등이니 하는 것이 있을 수가 없다. 고승의 존엄도 궁중의 호사도 그의 것이 아니었다. 영락한 채로 거지들과 어울려 노래 부르고 춤을 추고 있으니 어느 백성인들 시원하지 않으랴.

파계승 원효가 지었다는 무애가가 어떤 내용을 담고 어떤 가락으로 이뤄졌는지 전해지지 않아서 애석한 일이다. 그러나 무애춤의 기록으로 미루어 보아 어느 정도 짐작할 수 있다.

어깨가 우쭐우쭐하고, 몸짓이 덩실덩실하였으며, 일시에 마을과 마을로 퍼져갔다고 하니, 신명이 깃들어 있는 대중적인 것을 담고 있었을 것이며, 이로써 백성들을 교화하는데 큰 몫을 했다니 마음을 씻어주고 편안하게 해 주는 것이었으리라.

원효의 기인벽奇人癖에는 두루 피하지 않는 특징이 있다. 고대 희랍의 거지철인 디오게네스가 권력이라는 어둠을 거부하는 '천하의 주민'을 자처하였다면 원효는 권력과 민중의 깊은 골을 좁히며 하나로 묶어준 '천하의 무애인'이었다.

디오게네스가 권력을 귀찮게 여기며 왕중왕 알렉산더의 호의를 햇빛이 가린다고 비켜서라고 한데 비해, 원효는 권력과 민중이 하나가 되는 일에 몸을 던졌다고 할 수 있다. 디오게네스의 자기 중심적 경지가 소승小乘의 연각緣覺처럼 생각된다면 원효는 두루 하나가 되는 길을 안내하는 대승大乘의 보살과 같이 생각된다.

원효는 하나가 되기 위하여 높고 낮은 것을 차별하지 않았으며, 고승의 존엄과 파계승의 조롱에도 흔들리지 않았고, 도적과의 만남에서는 삶과 죽음의 문제를 뛰어넘고 있다. 그는 세상의 수다스런 일은 말할 것도 없거니와 생사의 경지를 하나로 꿰뚫는 참 진여眞如의 경지에 이르렀음일까.

춘원春園은 일찍이 원효를 소설로 상재하면서 도덕 떼의 우두머리 바람복과의 만나는 장면을 그리고 있다. 바람복이 목숨을 위협하면서 요석공주와 순결한 청신녀 아사가를 강요하는 대목이 나온다.

원효는 그것을 거절하면서도 기름가마솥에 들어가지 않고 바람복을 감화시켜 무릎을 꿇게 한다. 이는 장자莊子에 나오는 도척盜跖과 공자孔子의 만남을 비겨볼 만하다.

도척은 오히려 공자를 군주의 마음을 훔치려는 천하의 도적이라고 야유하고 있다. 공자는 이런 조롱을 당하면서 무력함을 보인다. 이에 비해 원효는 바람복을 교화하여 무릎을 꿇게 한다. 물론 이런 이야기는 어느 것이나 사실이 아닌 허구의 범주를 벗어나지 못한다. 그러나 당시의 사정을 미루어 보면 어느 것이나 그럴 듯하다. 원효가 거지와 도적 떼를 감화시켜 그 우두머리로 소문이 자자했다는 것은 사실이며, 공자가 벼슬을 구하러 군주를 찾아나선 것도 사실이다.

원효는 분별하는 것을 다툼의 씨앗으로 보았다. 아무리 다른 생각도 일리가 있으며, 일리가 있으면 반드시 통하는 길이 있음을 믿었다. 생사의 문제도 그렇게 보았다. '꽃이 피면 새가 울고, 새가 울면 꽃이 진다'는 노랫말에서처럼 '꽃이 피고 새가 우는' 상주常住와, '새가 울고 꽃이 지는' 무상無常이 다르지 않다면 어떤 것이든지 차원의 문제에 불과할 뿐이다.

남북으로 갈리고 동서로 편을 갈라 반목하고 갈등하는 오늘의 우리네 모습을 바라보며 원효와 그 기행의 용기와 신선함을 떠올려보는 것은 우연이 아닐 것이다. 원효의 기행은 우리에게 조롱의 대상이 아니다. 그 높은 존엄과 지체와 호사를 훌훌 벗어버리고 옳은 것도 그른 것도 오직 하나가 되는 화쟁和諍의 길을 닦아놓고 있다.

지금도 이 길은 소중한 것이지만 멀게만 생각된다. 그것은 아무나 원효를 시늉한다고 되는 것이 아니다. 이에 걸맞는 무게를 지니고 시대의 흐름에도 부합되는 사람이라야 한다. 이런 큰 사람이 조롱과 돌팔매를 맞아가며 광대패거리의 꾼으로 돌아간다는 것은 현실적으로 상상할 수 없는 일이다. 그럴수록 원효의 위대성은 드러나게 되고 그의 사상에 못지 않게 그것을 실행하는 용기를 지나칠 수가 없다.

꽃이 피면 새가 울고, 새가 울면 꽃이 지는 것처럼 살아가는 모습과 그 덧없음은 예나 지금이나 변함없으련만, 오늘날도 원효의 시대처럼 찢어지고 갈라져서 답답하기는 마찬가지…….

어느 것이나 일리가 있다면 하나로 이룰 수 있다는 회통會通과 화쟁和諍의 뜻을 곱씹어 보며 그것을 실행하기 위하여 진흙 밭으로 몸을 던진 그 용기와 기행의 신선함을 새겨볼 따름이다.

가을 숲길의 대화

곱게 물든 늦가을 숲길에서 은발銀髮의 친구 몇 사람이 여행길에 만나 거닐게 되었다. 번거로운 일상을 훌훌 털고 자연과 벗하며 걷는 것이 즐겁다.

서로 허물없는 사이여서 못할 말이 없다. 푸른 계절에 얼룩졌던 뜨거운 이야기도 옛날처럼 껄끄럽거나 설레이지 않는다. 오히려 지는 잎새의 싱그러운 추억을 아름답게 떠올리며 지워갈 수 있다. 이처럼 무엇이든지 맑게 갈앉아 담담하게 주고받을 수 있는 것이 가을인가 보다.

가을의 여행은 즐거우면서도 쓸쓸하고, 들떠 있는 것 같으면서도 잔잔하게 고이고, 아름다우면서도 허망과 그 부질없음을 깨치게 한다. 가을의 이야기는 그야말로 푸른 바람과 맑은 시냇물처럼 빛깔도 맛도 없으면서도 열음과 잎새를 물들이고,

씹을수록 시원하고 담백한 맛을 느끼게 한다. 비 개인 뒤 산빛이 더 아름답듯 삶의 온갖 애환을 잠시 덮어두고 자연과 계절의 푸근한 품속에서 은발의 우정이 나누는 이야기는 조금도 가식이 없다.

한 친구가 입을 뗀다. 이제 우리가 만나면 얼마나 만나겠느냐. 욕심을 부려 백 살을 산다고 하더라도 별 것 아니니, 일년에 한두 번씩이라도 만나 살아가는 이야기를 듣고, 좋은 일 궂은 일이 있을 때는 서로 애락을 나누자는 것이다. 지천명知天命의 중간쯤에서 서글픈 이야기이긴 해도 아무도 이런저런 핑계를 대지 않는 것으로 보아 공감하는 듯하다. 그러나 세상이 흐린데 은발의 여울목에서 담수지교淡水之交인들 쉽겠는가.

얼마 전에 입에 올리고 싶지 않는 병으로 수술을 한 바 있는 친구가 곱게 물든 단풍나무를 가리키며 입을 연다. 우리 저 단풍나무처럼 곱게 늙어 낙엽질 수 있다면 얼마나 아름답고 행복할 것인가 하고, 미덥지 않는 삶의 풍상을 걱정한다.

그런데 이 말에 아무도 자신 있게 나서는 사람이 없다. 그만큼 세상일의 변화는 지레짐작할 수 있는 것이 아니며, 고운 단풍을 물들이기엔 너무 오염되어 있는 것일까.

한 친구가 곱살스럽고 화색이 감도는 친구를 겨냥한다. '자네는 이 단풍나무처럼 검버섯 하나 없이 곱게 물들고 있구나' 하고 부러운 듯이 말한다. 그러나 곱살이도 고개를 내어젓는다. 살아온 길이 고르지 않았음을 내세워 다가올 계절을 가늠할 수 없다는 듯 불안한 대답을 한다. 그렇다면 이 가운데 과연 어떤 친구가 자연의 순리를 쫓아 고운 단풍처럼 순명順命할 것인가.

은발들은 서로 얼굴을 쳐다보면서 예기할 수 없다는 듯이 운명으로 덮어두려 한다. 모르면 약이고 알면 병이라던가. 사실 알 수 없는 일이고, 그 편이 편한 것이다.

은발들의 이야기 가운데는 이 대오隊伍에서 이미 떨어져 나간 친구들을 떠올리며 서로 위로하고 보람을 간구한다. 은발들은 서로의 모습에서 조금씩 가을빛을 띠어가고 있음을 알아차리고 자신의 삶을 비춰본다.

이 단풍나무가 도시의 한가운데 뿌리 내리고 있다면 이처럼 곱게 물들 수 있겠는가. 아무도 그렇다고 대답하지 못한다. 온갖 공해에 찌들리면서 찢기거나 검버섯으로 앓고 있는 추한 모습이 눈에 어른거린다.

은발들은 이미 세월의 반환점을 돌아 가을의 심연으로 들어가고 있지만 그들이 뿌리박고 있는 대지를 만족하고 있지 않다. 치열한 삶의 현장에서 이 나이까지 아옹다옹하고 문명으로 오염된 곳에서 목마른 잎새로 점점 빛을 잃어가고 있는 것이 아닌가. 그리하여 가을빛은 더욱 맑고 깊고 절실하여 티없이 곱게 물든 단풍나무 잎새가 유난스럽게 느껴지고 있는 것이리라.

은발들은 가을 깊숙이서 찬이슬의 예감으로 인생을 이야기하며 어울리고 있다. 그러나 귓전에는 속절없는 세월의 여울

물소리, 눈빛에는 깊은 우수가 스치고 있다.

이처럼 깊게 침잠하는 것이 오히려 부담스러운지 한 친구가 분위기를 새롭게 하려 초록빛 파문을 일으킨다. 차라리 생명파가 되잔다. 아직도 갈길이 만리 같은데 처량한 이야기 그만하고 들국화라도 찾아보자는 것이다. 아닌게 아니라 그 친구는 은발을 개의치 않고 젊은 여인과 데이트를 즐기고 있음을 자랑삼는다. 그것을 도덕적으로 어쩌고 저쩌고 하는 것은 별문제이다. 그래서 그 친구를 '생명파'라고 부르며, 그도 그렇게 불리는 것을 즐기는 듯하다. 은발들은 너무 가을빛에 깊숙이 빠져들었다고 느꼈음인지 생명파 선언에 박수를 보낸다. 더 늙기 전에 멋진 사랑을 한번 해야지 하는 제의에 아무도 저항을 나타내지 않는다.

생명파는 맹목성과 용기가 지름길이란다. 이성理性을 내세우려면 모래나 씹으면서 손주나 보며 있으란다. 갑자기 검불에 불을 지핀 것처럼 은발들의 웃음소리가 싱그럽다.

한 친구가 숨겨둔 옛이야기라며 끄집어 낸다. 사랑의 패배담을 생명파에게 고백한다. 너무 점잖아서 패배했단다. 갑자기 웃음꽃이 피어난다. 그때 그 여인은 생명파의 부인이란다. 이미 과거가 된 일, 이처럼 담담하게 주고받을 수 있기까지는 삼십여 년의 세월이 필요했다.

지금도 그때의 맹렬했던 불꽃을 생각하면 눈앞이 캄캄하다니 알 만하다. 그저 안으로 삭이면서 공부에 열중하여 다른 결실을 거둘 수가 있었음을 감사한다고 했다. 그때의 연적이 은발의 친구로 만나 맑은 물소리처럼 주고받을 수 있으니 참으로 감개가 무량하지 않을 수 없다.

은발의 친구들은 단풍나무 숲길을 빠져나와 논두렁길에 다 달았다. 억새가 바람에 졸고 노란 들국화가 마른 풀섶에서 눈짓을 한다. 생명파가 들국화 한 가지를 꺾어 실연의 연적에게 건넨다.

다른 은발들은 박수를 보낸다. 이때 젊은 여인이 들국화 한 다발을 꺾어들고 지나간다. '생명파'가 아주 향내가 좋다며 넌지시 관심을 나타낸다. 여인은 생긋 웃으며 지나간다. 다른 은발들은 점잔을 뺀다고 갑자기 표정이 굳어지고 있다. 여인이 저만큼 지나간 다음 '생명파'는 점잖은 은발들에게 위선자라고 핀잔을 하고, 친구들은 '생명파'에게 주책없는 추파라고 매도하지만 맑은 물이 흐르듯 담담하고 즐겁기만 하다.

관광버스가 산자락의 노란 은행나무 옆 간이주차장에 서 있다. 은발의 친구들이 그 곳을 향하여 걸어가고 있다. 늦가을 햇살이 빗겨가고 스산한 바람이 스쳐간다. 은발의 머리카락이 휘날리는 모습은 그대로 가을빛이다. 이 가운데 어느 누구도 세월을 거스를 수 있는 것이 아니다. 일 년에 한두 번씩이라도 만나 정을 나누고, 찢기거나 검버섯 돋아남이 없이 고운 잎새로 물들어 순명의 계절로 담담하게 흐를 수 있다면 이 또한 아름다운 일이 아닐 수 없다.

느긋해지는 연습

성질이 급한 데다가 덜 다듬어졌다면 화를 잘 낼 것이란 짐작은 조금도 이상스럽지 않다. 아마 나도 이 부류에 속하는 것이라고 혼자서 살펴볼 때가 있다. 때때로 참지 못하고 발각한 다음에 그 화풀이의 값을 치른다고 반성인지 참회인지 좀 부끄러운 마음으로 되돌아보게 된다.

피 끓던 20대에서는 이와 같은 빠른 조건반사가 오히려 용기 있고 당당하고 아름답게 생각되기도 하였다. 세월 탓일까. 살아가면서 점점 이런 생각은 빛바래어 용기는커녕 후회를 하게 되다니……. 그러나 그때는 화끈한 조건반사를 굳이 숨기거나 지워버리고 싶지 않았다. 물론 그렇게 될 수는 없는 것이지만 이런 설익은 풋살구의 맛 같은 행동이 없었던들 오늘 또한 돌이켜볼 수 없을 것이다.

그런데 요사이 가만히 돌이켜 살펴보면 모순과 불협화음이 순수한 청춘의 열정이라 하기엔 미심쩍기만 하다. 무엇 하나 허술한 구석이라고는 없이 다부지게 논리 정연한 주장을 하고, 공리적公理的이나 목적 지향적인 면이 두드러져 훨씬 칼날이 잘 들고 세련되어 있다 할 것이다.

그런데도 질서가 서지 않고 거친 행동이 따라야만 훌륭하게 평가되며 가자미눈깔로 보는 세상이거나 거꾸로 걷는 이상한 몸짓이 신선한 매력을 주거나 우상처럼 환영을 받게 된다. 이 같은 흐름이 까닭 없이 이뤄진 것은 아닐 것이다. 안으로 순수한 자기 진통이거나 익살이나 야유의 경지를 넘어서서 오히려 목적에 귀속되고 있는 점이 마음에 걸린다.

청춘은 논리적이기보다는 감성과 직관적이며, 목적 지향의 냉정한 이념보다는 순수한 자기 앓이의 열병인 것처럼 느껴진다. 그래서 아름답고 뜨거운 계절이다.

가끔 20대를 돌아보면서 얼굴을 붉히면서도 소중하게 간직하고 싶은 것은 세월 따라 낡고 찌들고 교활하고 무기력해지면서도 아직 자신의 깊숙이 포기할 수 없는 순수의 뿌리를 지키고 싶기 때문이다.

청춘은 소용돌이치고 뜨겁더라도 어떤 색깔에 착색되기보다는 순수한 자기 고뇌의 몸부림 그것일 때 아름다운 것이며 또한 기량이 자라는 것은 아닐까?

나도 20대의 피 끓는 청춘일 때는 물론 행동이 빨랐고, 나이

많은 기성세대의 틀에 짜인 모범 답안밖엔 반응 없는 침묵과 일상에 대해 곧잘 불만스러웠다.

세월은 입장을 바꿔 놓았다. 개구리가 올챙이시절을 잊어버린 것 아닌가 하고 생각하면서 괴리를 느낀다. 어설프고 단순하게 치솟기만 하던 불꽃이 재가 되고, 회오리치던 바람이 부드럽고 잔잔해졌다. 그러나 비뚤어져 야유와 냉소를 서슴지 않는다. 배타적인 무장을 하고, 사팔뜨기나 팔푼이에게 갈채를 보내며 발산한다.

까닭 없는 무덤이 없고, 뿌리 없는 나무가 없다. 20대의 열기가 누구든 뿌리를 이루는 것은 자연스럽다. 이런 점을 돌이키며 생각할 때 오늘의 20대가 던지는 뜨거운 불꽃과 신념과 그 행동과 발산의 묘한 익살과 풍자가 겹친다. 거대한 문명의 숲에서 소외되고 멀어져 가는 불안과 어떤 사회적인 욕구에 대한 좌절감으로 비롯된 조건반사랄까.

그런데 살아가다 보면 삶의 현장에서 겪는 일이지만, 연대의 인식이 그렇게 큰 문제가 아님을 느낀다. 오히려 나이든 분들도 젊은이들 못지않게 정열적으로 땀 흘리며 뛰고 있는가 하면, 반대로 젊은이들이 경험 없이도 꼭닥지게 어려운 일을 잘 처리해 내고 있다. 더러 건달이 없는 것은 아니지만 그것은 세대에 관계없이 기생하는 것이니까 예외로 칠 수밖에 없다.

그러나 같이 만나서 이야기를 나누다 보면 세대는 곧 구분되기 마련이지만, 나이든 분들이나 젊은이들이나 한결같이 삶에 대한 피곤기를 보이며 소외감을 씻지 못하거나, 조금 억울하다는 듯 피해의식을 갖고 있음을 보게 된다. 불확실한 장래에 대한 두려움을 떨쳐 버리지 못하고 조마조마한 마음으로 사는 것이다. 물론 여기에는 서민들의 일상을 두고 하는 말이다.

나도 별수 없이 삶의 대열에서 지금쯤 중치기로 장년의 길을 걸어가고 있다. 그런데 지금도 가끔 울화를 삭이지 못하고 발끈하며 곧잘 폭발한다. 본디 타고난 성질로만 돌리기엔 어딘가 부끄럽고 잘못 빚어진 그릇 같아서 불만스럽다. 또 한편으로 생각해 보면 어설프게 덜 다듬어진 미완의 질박성을 버리고 싶지 않은 점도 있다. 더러 실수도 할 수 있다는 것으로 자신을 조절할 수가 있으니 말이다.

그래도 나이란 조심스러워 우물쭈물하고 소극적인 몸짓으로 움츠러들게 하는 것은 어쩔 수 없다. 그리하여 가다가 돌아가게 되고 스스로의 성질을 다스리려고 한다. 그러자니 자연히 삶의 여유를 찾게 되고, 느긋해지려 하는 마음이 되고자 몇 번씩 다짐하게 된다.

산을 오르거나 길을 가다가도 좀 더 쉬어가게 되고, 창을 열거나 하늘을 쳐다보면서도 세상의 밧줄과 그물에 얽힌 불편함을 벗어나려고 안간힘을 쓴다. 이런 인위적이 노력을 통하여 오히려 무위無爲의 자연이나 사물을 바라볼 줄 알게 되었고, 급한 일에도 덜 급하게 되었으며, 급한 성질을 어느 정도 쓰다듬으면서 무위 그 자체를 즐기며 발끈하는 마음을 줄여나

가고 있다.

그러나 이것을 용기의 포기나 무기력이라고 보진 않는다. 차라리 자기 성정의 단련이며, 성숙한 삶을 위한 성찰이라고 생각하기에 이르렀다. 그때의 눈으로는 바라볼 수 없었던 침잠이며, 삶에 대한 깨침이라고나 할까? 그리하여 내가 특별한 성질을 가진 별개의 것이라고 보진 않는다. 단지 생활의 지향성에 따라 다를 뿐이라고 여긴다.

20대의 뜨거운 열기가 계절이 바뀌고 있는데도 그대로 풋살구로 남는다면 가을의 서리를 감당하지 못할 것이다. 그러므로 뜨거운 가슴이거나, 용기이거나, 신념이거나 간에 결국 자기의 뿌리와 과일을 키우는 몸부림으로 앓을 때 더욱 값진 것이 아니겠느냐 하고 생각하기에 이르렀다.

나는 이미 20대가 아닌 40대의 후반에 들어섰지만 아직도 앓으며 끙끙거릴 때가 많다. 나는 이 앓이를 지니는 것을 귀하게 생각한다. 바로 이것은 운명과의 싸움이기 때문이다. 여기에는 20대의 화끈한 용기와는 또 다른 신념과 도리를 위한 어려운 결단이 따라야 함은 물론이다.

이와 같은 어려운 운명과 만나면서 덜 지치고, 피곤을 풀며, 좀 더 자신을 그르치지 않기 위하여 하늘도 쳐다보고, 숲에도 안겨보고, 들길도 걸어보면서 삶의 여백을 아끼게 된 것이다. 그리하여 발등에 불이 떨어져도 덜 서둘게 되었고, 어지간한 것은 받아들이며, 좀 너그러웁고 편안하게 숨쉬는 법을 조금씩 터득하고 있다고나 할까?

지금은 비뚤어지고, 거꾸로 걷는 얼간이사팔뜨기 곡예사의 연출에도 감동하거나 비위가 상하지 않고 담담하게 바라볼 줄 알게 되었고, 그렇다고 제 아니면 안 되는 것처럼 큰소리치는 사람이나 불같이 퍼붓는 투사 앞에서도 우러러보거나 노여워하지 않고 나름대로 삭이면서 듣는 연습을 계속하고 있는 것이다.

있는 것이 있는 그대로 보이고, 네 철이 막히지 않고 자연스럽게 굴러가는 것을 보는 것, 그것으로 내 얼굴과 한계를 바라보며 될 수 있는 대로 느긋하게 여유를 가지려고 애쓴다.

이런 생각에 잠기며 깊게 가라앉는 것 같은 잔잔함을 맛보다가도 때로는 어리석게 삶의 진창에서 허우적거리며 고래고래 고함을 치듯 불꽃을 튀기며 그르치는 일을 말끔히 씻지 못하고 있다. 그래서 언제라도 되풀이하는 것, 부끄러워하면서도 후회하지 않고, 후회하면서도 당당하고 매력 있게 남아 있는 것, 참으로 모순일 것 같지만 그렇지 않게 몸부림치며 하나의 목숨이 된 것을 느낀다.

바쁘고 조급한 가운데 느긋함을 포기하지 않고 그 모자람을 살펴보며, 그 실수를 부끄러워하면서도 그 체험을 소중히 지켜 나가고 싶은 삶의 길에 느긋이 여유를 마련하고 싶다.

요사이도 안으로 불꽃을 삭이지 못하고 발각한 다음 지워지지 않는 흠집으로 아파하며 저 창 밖의 하늘을 쳐다보면서 부끄러워하고 있음을 어찌하랴.

빈자리를 마련하며

ㅂ형, 퍽 적조했습니다. 오늘 따라 창밖의 빈하늘과 뜬구름을 바라보며 형의 모습을 떠올리는 것은 세상일이 고달프고 부질없이 생각되기 때문입니다.

형께서는 삼십여 년 전에 이미 티끌세상을 등지고 떠났습니다. 그날, 꽃샘바람은 차가웠고 온산에는 피를 뿌린 듯 진달래로 물들었습니다. 그때 나는 형을 잡으려 했고, 형께서는 이미 정한 일이라 갈길을 가야 한다고 뿌리쳤습니다. 나의 허전함은 이루 말할 수 없었고, 형께서 가는 길이 무엇인지 이해할 수가 없었습니다.

그날 형과 헤어진 뒤 돌아오는 길에는 진눈깨비까지 내려 이래저래 마음을 가눌 수가 없었습니다. 돌이켜 생각해 보면 아쉽다고 할 것인지 허망하다고 할 것인지 분별하기가 어렵습니다.

그 뒤로 형께서는 끝내 세속에 얼굴을 나타내지 않았습니다. 그러나 때때로 바람이거나 계절로 기별을 보내주고 있습니다. 그것은 나의 상념으로 형의 모습이 살아 있기 때문이며 해를 거듭할수록 형의 외로운 길이 무엇이었던가를 어렴풋하게나마 이해하게 되었고, 형과의 만남도 우연이 아닌 무슨 인과처럼 생각될 뿐 아니라. 차라리 아름답게 펼쳐지고 있으니 세월의 흐름을 가늠하기가 어렵습니다.

지금쯤 형께서야 하얗게 바랜 채로 담담하시겠지만 세속의 집착이나 정념은 질기기만 합니다. 그때 나는 자신만만했고, 나의 길에 나름대로 포부와 기대를 걸었습니다. 그러나 돌이켜 보면 어리석은 자만이거나 부질없는 방황이었습니다. 세상일의 변천은 헤아릴 수가 없었으며, 언제나 떠밀려 혼자인 채로 쓸쓸히 빈자리를 마련하기 일쑤였습니다.

이럴 때마다 나의 상념으로 살아나는 형의 모습은 저 하늘이나 산마루의 어디메쯤에서 조금도 걸림이 없이 거닐고 있습니다. 그러면서도 나의 고달픈 삶을 쓰다듬고 목마름을 축여주며 여유를 안겨줍니다.

그리하여 이런 쓸쓸하고 한적한 자리에서 형에게 의지하고 싶은 충동을 느끼며 안부를 묻고 있습니다. 이미 달관한 형께서 무슨 안부가 소용이 되겠습니까만 세상의 때를 묻히고 사는 저로서는 어쩔 수 없는 목마름이 아닐 수 없습니다.

ㅂ형, 그런데 이게 웬일입니까. 막상 하고 싶은 말을 쓰려하니 아무것도 풀려나오지 않습니다. 나의 할말은 너무 헝클어져 있고, 형께서는 저 높은 곳에서 훤히 내려다보시기 때문일까요.

오늘 따라 형은 한 그루 싱그러운 나무로 서서 쉼터를 마련하고 고달픈 마음의 구석구석까지 쓰다듬고 씻어내며 편안한 자리를 마련해 주고 있습니다. 이런 자리가 비록 쓸쓸하고 외롭지만 반갑고 소중하게 여겨집니다. 세상의 온갖 번잡스러움도 잔잔히 자고, 쫓기는 발걸음도 멈추며, 조용하게 갈앉은 마음의 우물로 더럽혀진 얼굴을 비춰볼 수 있습니다. 이 얼마나 편안하고 흐뭇한 일이 아닙니까.

형께서는 언제나 쓸쓸하고 한적한 곳을 찾으셨고, 무슨 약속 같은 것에 묶이기를 바라지 않았습니다. 형과의 첫 만남도 어느 깊은 산자락의 외진 곳이었습니다. 서로 외톨이로 가을 숲과 노을을 헤매다가 날이 저물었고 교통편도 끊겼습니다. 갈 곳이라고는 산자락에 묻힌 작은 암자밖에 없었지요. 이곳에서 행자들의 곁방에서 함께 가을밤을 지새고 헤어졌습니다. 이런 일이 있은 뒤에 떠도는 산천에서 다시 만나게 되었습니다. 아무 약속도 없이 다시 만나 자연스럽게 대화를 나누게 되었고, 이 뜻밖의 재회에 대하여 의미를 붙이려 했습니다. 형께서는 우연을 믿지 않았습니다. 아마 무슨 연줄이 닿아 있을 거라고 했습니다. 나로서는 알 수 없는 일이었지만 인과의 필

연성에 대해 귀 기울일 수밖에 없었습니다.

세 번째의 만남은 서로 헤어지는 만남이었습니다. 이때도 무슨 약속으로 만난 것이 아니었습니다. 오히려 이 기이한 인연 때문에 반갑게 손을 잡았고 자연스럽게 어느 초라한 여인숙에서 밤바람의 말굽소리에 시달리면서 밤을 지샜습니다. 이때 형께서는 단단히 다짐하고 집을 나선 것이었습니다. 이것이 형과의 마지막 만남이었습니다.

가을숲의 노을로 만나 이른 봄의 꽃샘바람으로 떠났습니다. 지금 생각하면 허망하기도 하고 차라리 아름답기도 합니다. 그때 나는 다시 만날 것을 아쉬워했지만 무슨 약속인들 뜻 같겠느냐면서 기대하지 않았습니다. 그러면서도 인연이 다하지 않았으면 알 수 없지 않겠느냐고 차마 뿌리치지 못했습니다.

두 손을 꼭 잡고는 쓸쓸하고 외로울 때 생각해 주면 무슨 기별이라도 있을지 알겠느냐고 먼 하늘을 쳐다보며 여운을 남겼습니다.

그때 형께서는 정념을 나타내지 않으려고 안으로 무엇인가 삭이고 있었습니다. 젊디젊은 나이로 외롭고 먼길을 들어서는 형을 이렇게 배웅했습니다. 그 뒤로는 다시 만나지 못했지만, 나의 상념 속에 살아 있는 형과 만나고 있습니다. 이 또한 무슨 연줄 때문이겠지요.

삼십여 년이 지난 지금, 번거롭고 고달픈 일상을 잠깐 제쳐두고 그때의 기억으로 휴식을 취하고 있습니다. 지금도 그때처럼 진달래가 산천을 물들이고 먼 산으로 구름이 머흘고 있습니다. 이처럼 무심한 채로 마련한 빈자리가 형과의 인연을 새롭게 하고 있습니다.

지나가는 바람소리에도 형의 나직나직한 목소리가 들려오고, 계절의 한적한 몸짓으로 발자국 소리를 듣고 있습니다. 방금이라도 어느 한적한 산자락을 밟고 들어서면 어깨를 툭툭 치며 나타날 것만 같습니다. 그것은 부질없는 상념일 뿐입니다. 설령 만난다고 하더라도 지어온 업業이 번거로운 나로서는 차마 할 말을 드릴 수가 없습니다. 우리들의 만남은 지금처럼 알지 못하는 곳에서 교감交感하는 것으로 넉넉합니다.

ㅂ형, 이제 자주 이런 자리를 마련하고 내 속에 살아 있는 형과 만날 것입니다. 그것은 세상일에 지치고 물결에 밀려나서 쓸쓸하고 고달픈 자리를 마련할 기회가 더욱 잦아질 것을 믿기 때문입니다. 그리하여 지금처럼 형에게 안부 편지를 쓰며 담담한 채로 여유를 지니려 합니다. 그러나 형의 거처를 알지 못하는 까닭으로 세상의 아무 곳에라도 대고 전할 수밖에 없습니다.

ㅂ형, 또 기별을 주십시오. 나의 쓸쓸함과 고달픔으로 형의 기척을 듣는 것이 반갑고 흐뭇하기만 합니다. 아무쪼록 안녕히 계십시오.

나의 약점

나의 약점은 무엇일까? 이런 물음 앞에 서 보는 때가 있다. 누구든 자신의 약점을 살펴 보완하려 하는 것은 자연스러울지 모르겠으나, 그것을 공공연히 공개한다는 것은 결코 내키지 않는 일이다. 그러나 자신의 약점을 굳이 밝혀달라는 부탁을 기피한다는 것도 무엇인가 구린데가 있는 것처럼 생각되어 개운하지 않다. 그렇다면 별 수 없이 약점을 밝혀보는 수밖에 없다.

나의 약점은 손꼽을 정도가 아닐 것이다. 그렇다고 그 많은 약점을 일일이 나열한다는 것은 지나친 것 같고 대충 어림해 보아도 쉽게 몇 가지 집히고 있으니 이것만으로 뭉뚱그려도 세세한 것들이야 이 가운데 묻혀 넘어갈 것으로 생각된다.

아무리 자기가 제 약점을 드러낸다고 하더라도 다른 사람이 느끼는 바와 내 스스로 느끼는 바가 같지 않을진대 그런 점은 또한 한풀 접고 넘어가야 할 것이다. 여기에서는 다른 사람이 어떻게 개의할 것인가에 대한 관심을 가질 필요가 없다. 자신의 내면에 투영된 약점이라는 점을 우선 밝히고자 하면, 자신을 통찰하는 눈이 모자라서 미처 빠뜨리는 것이라면 또한 별도리 없는 일이다. 이런 변명이 전제됨으로써 좀 편한 마음으로 자신의 약점을 말할 수 있을 것 같으니 묘한 노릇이다.

나의 약점 가운데 첫째로 술을 다스리지 못하는 점이다. 가끔 폭주를 하고는 며칠씩 기진맥진해서 다시는 이런 일이 없을 것이라고 다짐을 해 봤자 얼마 가지 못하니 한심한 작태라고 할까. 그래서 요사이는 마음속으로는 이래서는 안 될 텐데 하고 염려를 하면서도 다른 사람 앞에서는 아예 술을 끊겠다는 말을 하지 못한다.

아무리 술에 곤드레만드레 된 다음이라도 멀리서 친구가 찾아왔다면 도 한잔을 해야 분위기가 부드럽고 직성이 풀릴 뿐 아니라 시원섭섭한 마음이 가시게 되니 버릇이라면 업業 깊음이요, 인정이라면 여린 급소임에 틀림없다.

나의 경우 혼자 마시는 일은 거의 없다. 그러니 주마酒魔는 언제나 친구와 인정을 동반하여 나의 의지를 농락하고 건강을 위협한다. 이런 것들을 뻔히 알면서도 끊기는 커녕 자제도 제대로 안 되니 약점치고는 큰 약점이라고 하겠다.

다음으로 여자를 다스리는데 자신이 서지 않는다. 어떤 친구는 아리따운 여자와 연애하는 것이 자랑이면 자랑이지 무슨 약점이냐고 반론을 제기한다.

그러나 여자 관계 때문에 평소의 자기 궤도를 벗어나 공든 탑을 무너뜨리는 경우를 흔히 보아왔다. 나도 이런 잠재성이 충분히 있을 것 같이 생각되며, 경우에 따라서는 나이나 체면에 상관없이 여색女色에 강한 유혹을 받고 있는 점을 숨길 수 없다. 그것이 아무리 주책이고 부덕한 일이라도 어떤 분위기나 상황에 처해 있을 때 내가 이 황홀한 늪을 쉽게 헤어나갈 수 있겠느냐 하는 자문에 선뜻 고개를 내저을 자신이 없으니 이 또한 약점이라고 하겠다.

핑계 없는 무덤이 없듯, 인간적이니 사랑이니 하고 그럴 듯하게 꾸며대며 주책도 부덕不德도 묻히고 용해되는 것 같이 느끼고 있으니 색마色魔 또한 언제 무슨 일을 저지를지 알 수 없다. 그렇더라도 굳이 자제를 통하여 성인군자가 될 필요성을 느끼지 않고 있으니 애초부터 문제성의 소질이 있어서일까.

아름다운 환상과 생명력을 지니고 있는 약점, 오히려 목마른 삶의 지향성처럼 생각되고 있으니 도덕이나 규범의 틀로 재어본다면 부덕하고 염치없는 일이라 갈등을 느끼지 않을 수 없다. 언제 무슨 바람이 불어와 불붙을지 모를 일이니 자신조차도 궁금하게 여기고 있을 뿐 아니라, 그 바람을 은연중에 기대하고 있으니 약점치고는 화려한 약점임에 틀림없다.

마지막으로 자신의 성질을 다스리지 못하는 점을 들고 싶다. 하기야 술, 여자도 자신을 다스리지 못하는데서 비롯되는 약점이라고 한다면 굳이 내세울 필요성까지는 없을는지 모른다. 그러나 여기서는 자신의 성질 가운데서도 유별난 약점을 내세우고자 하는 바, 뚜렷이 가를 수가 있을 것이다.

평소에 어떤 문제에 부딪혔을 때 참고 견디다 순간적으로 욱하고 성내는 점을 들고 싶다. 이 성냄에 대해서 불가에서는 세 가지 독毒 가운데 하나로 경계하거니와 덜 느긋해지기 위하여 다짐을 거듭하고 언제인가는 '느긋해지는 연습'이라는 글까지 써보며 여유를 갖고 대범해져 보려고 안간힘을 쓰고 있다. 그런데 잘 나가다가도 순간적으로 폭발하여 자제력을 산산히 부셔버리는 경우가 있으니 약점으로 따로 세우지 않을 수 없다.

어떤 경우에 따라서는 너그럽고 부드럽다는 소리를 듣기도 하지만 때로 가까운 친족 간이나, 같은 틀속의 직장에서 이런 실수를 하고 있으니 이점이야말로 부끄럽게 여기는 가장 큰 약점으로 생각하고 있다. 이 점은 변명의 여지도 없이 고쳐나가야 하겠다고 독한 마음으로 다짐하고 있다.

그런데 이 성냄은 선천적으로 타고난 기질과 후천적 인격의 도야를 통한 세련된 생활 감각으로 극복되지 않으면 안 될 것처럼 생각된다. 다른 말로 표현하자면 선천적으로 급한 성질을 타고난 데다가 후천적 수련도 모자라 그렇다는 것이다. 요사이처럼 세상의 진창에서 좋은 일, 궂은 일 가릴 겨를이 없이 쫓기며 살아가고 있는 점을 돌이켜볼 때 이 다짐 또한 몇 번을 거듭해야 모가 닳을지 자신이 서지 않는다.

이렇게 자신의 약점을 찾아 나서니 스스로의 모습에 모자람과 부끄러움이 함께 하고 있음을 느끼지 않을 수 없다. 본능적 지향성과 도덕적 규범과의 괴리는 말할 것도 없고, 자신의 허술함이 너무 노출된 것 같다. 그러나 다른 면으로 생각해 보면 오히려 이런 약점을 통하여 자신의 빈자리로 다른 사람의 좋은 점을 받아들일 수 있다는 위안을 갖게 된다.

나의 약점, 술 · 여자 · 성냄을 살펴보면서 어떤 것은 약점 그대로 지니고 싶고, 어떤 것은 고치고 싶으니, 약점이라고 몰아쳐 너무 박대하고 싶지 않다. 그러니 나의 약점은 끝내 고치기는 영 틀린 것 같다. 약점이 없는 완벽주의보다는 적당히 약점이 있는 것에 오히려 이끌리고 살맛이 날 것 같으니 속물의 모습 그대로 만족할까 보다.

술과 나

사람이 술을 마시다가 술이 사람을 마신다—라는 말이 있다. 이 말만큼 술의 속성을 잘 나타낸 말도 없다.

사람이 술을 마실 수만 있다면 술은 약일 수 있다. 그러나 술자리의 분위기가 고조된다든지 감정의 기복이 심할 때는 인간적인 분방성을 부추기며, 마침내 술이 사람을 마시게 되어 그 독마毒魔에 시달리는 것이 보통이다. 그러면서도 술을 끊지 못하고 있는 것은 술만큼 인간적인 본성에 호소하는 것도 없기 때문일 것이다. 희노애락을 함께 하면서 아픈 것을 쓰다듬고, 목마른 것을 축이면서 쌓인 가슴을 후련하게 씻어주지 않는가.

우리 가계家系는 술과 인연이 깊다. 할아버지께서는 평소에 늘 하시던 말씀 가운데 내 죽거든 다른 음식 차릴 생각말고,

술이나 잘 빚어 술독에 쪽박이나 띄우라—고 하셨단다. 아버지께서도 십여 년 중풍에 신고하시면서도 몰래 술을 드시고 집안 사람들을 애태우던 일을 생각하면 술과의 인연이 그리 간단하지 않는 것 같다.

나 또한 술을 삼가야지 하면서도 아침의 숙취 때야 끙끙 앓으며 후회를 하고 있으니 알다가도 모를 일이다. 술과 안주를 보면 맹세도 잊는다는 말이 새삼 실감을 안겨준다.

내가 처음 술의 유혹에 이끌린 것은 초등학교 3학년 때가 아닌가 하고 생각된다. 어느 날 혼자서 집을 보게 되었는데, 안방 구들목에 빚어둔 농주에 군침을 흘리게 되었다. 어른들은 왜 술을 마시며, 취하게 되면 비틀거리면서도 기분이 좋아질까 하고 의문으로 술의 유혹을 받은 셈이다. 어른들이 들어오기 전에 마셔봐야지—하고 노란 청주를 한 쪽박 마셨다. 이때부터 점점 어지럼을 타다가 하늘이 돈짝만한 것을 본 뒤에는 그 자리에 쓰러졌고, 어른들께서 들에서 돌아왔을 때는 구토와 두통으로 앓고 있었다.

이 모습을 본 어른들께서 어처구니 없어 했을 것임은 너무나 뻔하다. 이런 일이 있은 다음 술을 입에 대지 않았는데, 20대 초반에 교직에 몸을 담으면서 새롭게 주도酒道의 길에 들어서게 되었다.

해질 무렵 분필가루를 씻으며 동료들과 함께 나누는 술잔, 여기에는 뜨거운 젊음의 호기豪氣와 인정이 넘쳐 흘렀다. 설익은 호기는 술을 못하는 사람을 깔보면서 때때로 2차 3차를 전전하면서 주량酒量의 대결로 발전하기 일쑤였고, 그러다가 다음 날 아침 숙취의 고통에 시달리면서도 아무렇지도 않는 것처럼 일어나서 출근하게 되었음은 젊음과 건강 때문이었으리라.

역시 술은 문우文友들과 만나면서 온갖 애환과 역사를 지어 왔는데, 이 가운데서도 잊혀지지 않는 주붕酒朋으로 시인 이일기李一基가 있다. 그의 집은 경북 청도군 각남면이었고, 우리 집과 직장은 경남 밀양군 상동면이었다. 행정구역상으로는 도道가 갈려 있으나 거리로는 이웃이었다. 그는 무시로 찾아왔고 나도 가끔 과수원을 하는 그의 집을 찾았으며 그때마다 동네 주막에서 술을 벗하며 문학과 인생을 논하게 되었음은 물론이다.

그는 술자리에만 앉으면 신명이 나서 가락을 뽑고 화제가 풍부하였을 뿐만 아니라 느긋하고 편안한 모습으로 분위기를 이끌어갔다.

나는 그에 비해 성급하게 술잔을 비우면서도, 그의 유창한 노래와 느긋함에 압도되어 조마조마하였다. 그는 자유인답게 분방하였고 세속적인 형식에 구애받지 않았다. 거기에 비해 나는 소심하였고 틀에 박힌 삶의 모습을 보여 그를 답답하게 하였을 것이다.

그런데도 그와 나는 자주 만나게 되었고 때때로 부산이나 대구까지 어울려 다니면서 술집을 섭렵하며 문우文友들과 만나게 되었는데 이로 인하여 빚어진 일화가 한두 가지가 아니다. 그 가운데서도 술로 주머니를 텅텅 비우고 절박한 위기에 부딪혀 돌파한 모험담이 있는데 이를 생각하며 절로 웃음이 나온다.

1960년대 초반의 일이었다. 세모歲暮의 어느 주말이라고 기억된다. 부산에서였는데 시인 박태문朴泰芠 박응석朴應奭 장승재蔣昇在 등과 어울려 술을 마신 다음 기적소리도 요란한 철길 옆 어느 여인숙에서 하룻밤을 보냈는데 이튿날 아침에 일어나니 숙취가 말이 아니었을 뿐 아니라 둘의 주머니에서는 동전 몇 푼만이 달그락거릴 뿐이었다. 둘은 거리를 나왔지만 갈길이 막연하였다. 거리의 포장마차에서 따끈한 차를 한 잔 하고는 동전마저 털어줬으니 그야말로 낙전落錢이 되었다.

그나마 물 한 잔으로 생기를 찾아 기차삯의 지전紙錢을 마련하는 궁리에 몰두했으나 신통한 방안이 없었다. 이때 이일기 형이 무릎을 치지 않는가. 문학소녀로 정열을 쏟고 있던 목공木公을 생각해 냈다. 목공은 필자가 근무하는 가까운 곳에서 여교사로 재직하고 있었는데 동인지 발간 관계로 몇 번 어울렸지만 그렇게 친숙한 사이가 아니었다. 그런데도 양 무릎을 친 것은 지푸라기라도 잡아야 하는 처지로서는 있을 수 있는 일이기는 하지만 나로선 여간 거북한 일이 아니었다.

어쨌든 수첩에서 그녀의 전화번호를 확인하고 그녀의 집 근처 공중전화 박스 앞에 섰을 때의 처량한 몰골이야 짐작으로도 알 만하다.

그때 바람은 차가웠고 속은 왜 그리도 떨리는지 지금 생각해도 오싹하기만 하다. 둘은 서로 전화기를 권하다가 이일기 형이 다이얼을 돌리더니 수화기를 나에게 넘기지 않는가. 그때의 당혹감은 말로써 표현하기가 어렵다.

건장한 청년 거지의 성화인지 애걸인지 분별이 모호하지만 마침내 그녀는 우리 둘 앞에 나타났는데 고맙기도 하고 부끄럽기도 하였다. 그녀가 내미는 한 장의 지전으로 아침밥도 먹고 기차표도 살 수 있어 어려운 위기를 극복하게 된 셈이다. 그녀는 지금 중견 시인으로 동해의 어느 항구에서 병원을 하는 남편과 유복하게 살고 있다는 풍문을 듣고 있는데 언제쯤 한번 만나서 옛 이야기를 나누고 싶다.

이런 일이 있은 다음 부산의 문우들과 함께 경북 청도의 이일기 형의 집을 찾은 일이 있었다. 젊은 문사文士들의 주사에 대해 용하게도 참아주던 어른들의 너그러움이 새삼스럽다.

이일기 형과는 서울에 와서도 한 직장에 출근한 일이 있는데 여기서도 술에 엉킨 이야기가 그치지 않는다.

지금은 고인故人이 되었지만 평론을 쓰던 조재붕盧載鵬 형도 함께 있었는데 하루라도 거르지 않는 애주가였다. 그의 주변에는 술친구들이 모였는데 그 가운데서도 시인 백시걸白始傑을 잊을 수 없다.

백시걸 시인은 당시 문화촌(서대문구 홍은동)의 주선酒仙을 자칭하던 김관식金冠植 시인의 이웃에서 살았는데 퇴근 때쯤

되면 종삼鐘三의 술집에서 대기하는 것이 보통이었다.

어느 날 백시걸 시인이 술을 한 잔 살 일이 생겼다고 평소에 신세지던 사람들을 불러 모은 것이다. 사연인즉, 모 고교의 교사로 재직하고 있는 형으로부터 헌옷가지를 얻었는데 그 주머니 속에서 수표가 한 장 나와서 횡재를 했다는 것이다. 공짜로 생겼으니 신세를 갚아야 하지 않겠느냐였다. 그러면서도 뒤에 무슨 일이 터질까봐 조마조마하던 시인의 불안하고 슬픈 눈빛이 눈에 선하다. 이 날도 모두 취하여 인사불성人事不省이 되었음은 물론이다. 이런 일이 있은지 얼마 되지 않아 백시걸 시인은 술에 취한 채 교통사고로 훌쩍 저 세상으로 떠났다.

문인과 술은 뗄 수 없는 것인가. 이때 술을 하지 못하는 문인은 생각할 수가 없었고 나같은 편집일을 하는 사람은 필자인 문인들과 만나면 의당 술을 사야 하는 것으로 알았다.

이때 잡지를 하기 위하여 모였던 사람들, 세상의 기복으로 제 뜻을 펴보지도 못하고 흩어졌지만 이곳에서 나는 문학과 술과 가난은 같은 항렬이라는 것을 알게 되어 문학에 열정을 지니고 있던 당시로서 여간 회의에 빠지지 않을 수 없었다.

당시 7남매 맏이로 가친께서는 중풍으로 신고하던 때라 나의 위치나 입장이 미묘하고 난감하였다. 나는 이때를 계기로 그처럼 설레이고 목마르던 문학에의 열정을 한 걸음 물러서며 삶의 냉엄함을 바라보지 않을 수 없었다.

그리하여 나는 술과 문학을 멀리하면서 나름대로 삶의 길을 찾으려 했지만 이상하게도 원고와 더불어 삶을 해결하게 되었고 술 역시 일시적으로 절주하는데 그쳤을 뿐 생활의 고비고비마다 술과 더불어 애환을 함께 하였다.

이처럼 나의 술에 대한 작심은 다른 것과 달라 분위기와 상황에 따라 봄눈 녹듯 스러져 의지의 취약점을 드러내기 마련이었지만 언제나 인간적인 것으로 받아들여 그 실수를 자위하고 있다. 그렇다면 술과의 관계는 숙연宿緣이 아닐 수 없다.

친구가 있는 곳에 술이 있지만 아리따운 여자가 있는 데도 술을 피할 수가 없다. 설레이게 하는 여인의 화사한 웃음과 그 고운 손으로 따르는 술은 미약媚藥이라고 할까. 그래서 주색酒色이라 하지 않았던가. 돌아보면 여인으로 하여 취한 술 또한 나의 술 이력에서 지나칠 수가 없을 것이다.

그런데 술잔은 언제나 아리따운 향기가 아니다. 숙취에서 깨어보면 엄청난 일이 벌어져 당혹케 한다.

이런 일을 얼마 전에 겪었다. 어느 날 의사가 내린 선고,— 죽으려면 마시라는 것이었다. 이 얼마나 엄청나고 준엄한 선고인가. 누구든 한 번 죽게 되는 것이지만 건강하게 살다 마감하는 것이 자신이나 가족을 위하여 얼마나 다행한 일인가. 이 명제 앞에 움찔하지 않을 수 없었다.

맹렬하게 위암이 진행되고 있다는 진단서의 소견을 발견했을 때 이것을 어떻게 받아들여야 할 것인지 여간 착잡하지 않았다. 그러나 마음을 가다듬어 차분한 침잠으로 돌아갈 때 그

절망과 침묵의 목소리를 들으면서 편안해짐을 느낄 수 있었다.

정밀검사를 거티면서 오진誤診이라는 것이 밝혀질 때까지 달포 가량을 기도처럼 경건한 마음으로 고요한 호수처럼 투명해질 수 있었다. 이때 다시 인간의 한계를 깨치며 돌아가는 순리의 엄격함을 바라보게 된 것이라고 할까.

내시경 검사, 조직 검사를 거치면서 12지장궤양이라는 것이 밝혀져서 가족들을 안심시켰지만 12지장궤양 또한 까다로운 병마임을 알게 되었다. 과로와 무절제한 식생활, 여기에다 폭주를 때때로 안겼으니 내장인들 버티기가 어려웠을 것이다.

이 병도 직접적인 원인은 술이었다. 어느 토요일, 약속한 원고를 끝낸 다음 유난히도 피곤기를 느끼고 있었는데, 갈증을 호소해 오는 문우文友의 전화는 청량한 바람처럼 느껴졌다. 몇 사람의 문우와 어울려 소줏잔을 주고 받으며 어지러운 세상일을 논하다가 점점 술에 먹히게 된 것을 어찌하랴.

다음날 아침 숙취에서 깨어났는데 개운하지가 않았다. 가슴이 뜨끔하면서 속이 불편하고 식은땀이 났다. 바로 이것이 발병이었는데 위암의 공포로부터 12지장궤양으로 병명이 바뀌면서 절망을 헤어날 수 있었음이 얼마나 다행한 일인가.

죽으려면 마셔라.— 이 준엄한 선고 앞에 당장은 주마酒魔인들 얼씬할 수 있으랴. 이때부터 병마와 싸우면서 술을 끊게 되었다. 여덟 달 가량 투병생활 끝에 건강을 회복하였는데, 이게 웬일인가. 또 다시 갈증을 느끼게 되었고 한 잔만 해야지

하고 술잔을 들게 되었으니 언제 또 무슨 일이 일어날까.

염려는 곧 현실로 나타났다. 얼마 전에 한의원을 하는 시인 김해석金海錫 씨가 구기자와 매실주를 준비하여 조촐한 자리를 마련하였다. 시인 임일진林一鎭 씨와 셋이서 자리를 같이 하였는데 약술이라는 효험을 과신한 나머지 마음 놓고 마셔버린 것이다.

아니나 다를까. 이튿날 아침에 참기 어려운 숙취가 왔고, 오후 2시쯤에야 일어나데 되었으니 주마酒魔의 유혹에 또 한번 짓밟히게 된 셈이다.

그 이후에도 동네에서 애주가로 소문난 소설가 윤후명尹厚明, 시인 김춘배金春培 등과 어울려 말로는 삼간다고 하면서 취하도록 마셨으니 아무래도 고쳐 못할 병이련가.

그러나 술을 마시는 버릇만은 고쳐보려고 나름대로 몇 가지 조건을 새기고 있다. 많이 마시지 않고, 묽게 마시며 천천히 마셔야지 하고. 이와 같은 헌장憲章은 술에 먹히지 않으려는 다짐이다. 그런데도 막말을 할 수 없는 것은 술이 지닌 인간적인 마성魔性 때문이다. 언제 또 무슨 근사한 핑계로 나의 가장 여린 곳을 토닥거리며 끌어낼지 알 수 없는 일이다.

훈수꾼의 푸념

혼자 사는 연습

할미새집

나이롱환자

즐겁게 일하기

빈자의 일등

행화촌 유감

군자란의 소생

훈수꾼의 푸념

장기나 바둑판의 뒷전에 앉아 관전하게 되면 갑자기 고수가 된 듯 판국의 흐름을 쉽게 알아차리고 훈수로 끼어들게 되는 것이 일쑤다.

당장 말이 떨어지고 대국을 그르치는 것을 뻔히 알면서도 보고만 있기란 여간 어려운 일이 아니다. 그리하여 뺨맞아가며 훈수하게 되는 꼴이 되어 시끌벅적한 싸움에 휘말리게 되는 것이리라.

이런 일이 어찌 장기나 바둑판뿐이겠는가. 세상에 서로 엉키고 섞여 살아가다 보면 온갖 삶의 현장에서도 예외 없이 이 같은 모습이 벌어지게 된다.

결코 사람은 혼자 살아갈 수 없는 것이며, 대국자라는 경쟁자와 훈수꾼이라는 이웃이 서로 삶의 숲을 이루며 희로애락을 함께 하고 있다.

그렇다면 세상일이란 단순한 당사자의 일만으로 그치지 않으며, 이웃들과도 밀접한 연관을 짓고 있다 할 것이다.

때때로 한 수의 훈수로 이기고 지는 갈림길을 좌우한다면 마땅히 대국자가 신경을 곤두세우지 않을 수 없게 된다.

그런데 장기나 바둑이든지 또는 세상일이든지 당사자들은 하는 일에 치우치고 욕심이라는 화려한 불꽃이 앞을 가린 나머지, 수를 잘못 읽고 판단을 그르쳐서 관전자들과 이웃들의 조바심과 걱정을 끼치기에 이른다.

이쯤 되면 훈수를 하거나 잘못을 나무라게 되어 자연히 판국의 주변이 시끄러워지는 것은 조금도 이상스러울 것이 못된다.

그런데 훈수로는 수를 썩 잘 보는 사람도 실제의 대국에서는 완착과 실착의 연속일 수 있고, 남의 일에 분별을 바르게 따지며 빈틈없을 듯이 보이는 사람도 어떤 자리에 앉게 되면 도무지 사리를 가리지 못하고, 넘치고 멈출 수가 없어 점점 일을 어렵게 만들거나 그르치는 것을 흔히 대한다.

이와 같은 까닭이 어디에서 비롯되는가를 한 번씩 돌이켜 봄으로써 스스로의 역량과 그 한계를 살펴볼 수 있을 것이다.

장기나 바둑의 수는 하루아침에 익혀지는 것이 아니다. 오랜 실전과 함께 각자의 필요에 의한 노력과 재질에 의해서 점점 쌓여 기량棋量이 결정되는 것이리라.

이처럼 과정을 거치면서 수가 높아가는 것인데도 당장 같은 또래에서 좀 뛰어났다고 기력이 얕은 초보자가 노장의 고수와 맞선다는 것은 부질없는 짓일 뿐이다.

그런데도 일상의 주변에서 살펴보면 이와 같은 예가 한둘이 아니다. 이제 겨우 익힌 것을 가지고 묵은 경륜을 얕잡아보려는 경우가 흔히 있으며, 여기에 어리석은 욕심을 겹치게 됨으로써 도무지 뒤죽박죽이 되어버리게 됨을 어찌하랴.

스스로 화려하게 치켜세우는 것을 즐기고, 황홀한 불꽃으로 타는 것을 멈출 수 없다면, 분별을 가로막고 있는 안개를 걷어내기란 짐작으로도 어렵다. 이처럼 자만과 욕심은 오히려 발등을 찍은 도끼가 되고, 길을 몰라 헤매게 하는 원인이 될 뿐이다.

무엇이든지 하나하나 겸손으로 허물을 살피고, 절제로 욕심을 삼가며, 단계와 차례로 무리함을 끌어들이지 않는 순리와 엄격성이 필요하다.

실수를 하지 않는데 훈수꾼이 참견할 수 없으며, 능력에 부치는 일을 피해 가는데 무리한 결과가 나올 수 없다. 그렇다고 모든 일에 소극적이고 미지근해야 된다는 것이 아니다. 오히려 맺고 끊는 점이 확실하고, 나아감과 물러섬이 분명해야 한다는 말이다.

공을 세운 사람이 공을 앞세워 대가에 집착하게 될 때 뽐내고 거드름을 피우기 일쑤여서 재앙을 불러들이기 쉽고, 삼가지 않는 욕심의 검은 손으로 하여 패가망신하는 경우가 흔치 않는가.

이런 일은 말보다 실행이 어렵고, 또한 분수에 따른 평안한 마음가짐도 어렵다. 요새 유행하는 말로 '마음을 비워야 한다'. 그렇지 않고는 발등에 불똥이 떨어져야 비로소 깨닫게 되고, 어쩔 줄을 모르는 것이 사람의 상정이다.

채근담菜根譚에서는 눈에 띄게 표나는 공만이 아니라 허물없는 일이 공이며, 덕을 베풀어 고마움을 바라기보다 원망을 듣지 않음이 바로 덕이라고 했다.

지금 흔히 대할 수 있는 시속時俗의 공다툼이나 덕적德積의 뽐내기와 비겨볼 때 아주 자연스런 물길의 신선함을 대하는 듯하다.

길을 닦은 사람이 그 길 위로 먼저 차를 타고 지나가려 하거나 작은 새가 덤불을 떠나 큰 새의 흉내를 내며 높은 하늘을 날고자 할 때 무리가 생기는 것은 어쩔 수 없다.

사람들의 일에 있어서도 예외가 아니다. 역사를 읽어보면 어디서나 이런 경우를 찾게 된다.

프랑스 혁명의 영웅 로베스 피에르는 혁명가로서는 성공을 했지만 정치가로서는 공포정치의 수렁에서 침몰하고 말았으며, 경세의 본을 만든 공자孔子는 제 뜻을 스스로 펴보지 못했다.

로베스 피에르는 혁명으로 닦은 길 위에 스스로 차를 타고 가다가 실패한 경우이며, 공자는 스스로 닦은 길에 차를 타고 달려보지 못했지만 성공한 경우다.

공을 세우게 되면 광도 내고 싶은 것이 사람의 마음이다.

그러나 삼가지 않고 지나치면 재앙이 따라붙고 어두운 수렁에서 헤어나지 못하는 것이 다반사다.

여기저기서 앞서고 이기기 위하여 벌어지고 있는 대국장對局場, 그곳은 결코 장기판도 바둑판도 아닌 삶의 현장이다. 이런 현장을 대하고 있으려면 관전자들은 나름대로 판국을 살펴보며 훈수를 하고 싶어진다. 판을 벌리고 있는 사람들의 수순手順이 위태롭기 때문이다.

맞수가 많기 때문일까. 서로 양보할 수 없는 대국일수록 한 수 한 수 둘 때마다 관전자들의 관심도 높아가고 여기저기 훈수꾼들도 열이 오르게 마련이다.

빽쯤 맞는 일에 상관없이 관전자들의 훈수도 각양각색이다. 그러나 가슴을 죄게 하고 안타깝게 하는 것은 대국자의 국면을 파악하는 기미와 이끌어가는 솜씨다.

맞수를 가볍게 여기고 강수强水로만 대처하기도 하고, 조심스럽게 한 수 한 수 국면의 판도를 변화시키며 파란을 일으키기고 한다. 아슬아슬한 모습이 아닐 수 없다.

쫓고 쫓기다 보면 어디선가 실수를 하게 되는데, 대개가 자만과 욕심의 자충수로 그르치게 된다.

이른 봄의 나비가 늦가을의 국화를 쫓아가거나 여름의 매미가 이른 봄의 철쭉제의 가수를 꿈꾼다면 보나마나 패착敗着이 완연하다.

대국자는 고수高手라는 자만과 욕심으로 수순을 그르쳐서는 안 될 것이며, 처지나 사정을 헤아리지 않고 모두 제치고 먼저 나서서 차를 타겠다면 이 또한 지나친 일이 아닐 수 없다.

대국의 흐름이 뚜렷하여 훈수꾼들이 시들해지고 앞길이 훤하게 틔었으면 하고 바라는 것은 무엇 때문일까.

세상일의 온갖 겨룸을 바라보고 대하면서 그 공리功利의 허실을 살펴봄직하다. 이 또한 훈수꾼의 부질없는 푸념인가 보다.

혼자 사는 연습

두루 가족을 갖추고 있는 가장으로서 혼자 사는 연습을 한다는 것은 아무래도 아귀가 맞지 않은 말이지만 사실이다. 몇 달 전까지만 해도 상상도 할 수 없는 일이었지만 아내가 바다 건너 딸네 집으로 나들이하면서 이런 생각을 하게 되었다.

옛날 같으면 집안 살림을 맡고 있는 주부가 남편을 버려두고 출가한 딸의 공부를 위해 외손外孫을 봐주러 바다를 건너간다는 것은 감히 생각할 수 없는 일이었고, 이런 기미를 보인다 하더라도 가장의 말 한 마디면 쉽게 가라앉힐 수 있는 것이었다. 그때는 이것이 아내의 도리였고 가장의 권위가 아니었던가.

그러나 세상은 너무나 변해 있었다. 이런 엄두를 내는 아내도 그렇거니와 집안일과는 거리가 먼 학생신분의 아이들도 엄마의 용기를 지원하고 나섰다. 그러하니 나 또한 옛날 사람이란 핀잔으로 더 소외될 수 없는지라 안으로 삭이며 받아들일 수밖에 없다. 이런 흐름을 도외시하고 내 의견을 그대로 드러내었다면 아마 나는 시쳇말로 우리 가정의 '수구파'로 낙인이 찍혔으리라.

악처가 효자보다 낫다는 속담이 있듯이 아내가 없는 집안은 불편하기 짝이 없었다. 때마다 끼니를 때우는 일도 그렇거니와 빨래와 집안 청소 등도 그냥 지나칠 수 없는 것들이었다. 달라진 환경은 생활의 변화를 가져 왔는데 거추장스럽고 귀찮은 일들은 저만큼 제쳐놓고 간편한 것으로 대체하거나 일상의 목록에서 생략하는 일이 잦아졌다.

그러하니 평소에 좋아하지도 않던 라면 등 인스턴트 식품과 친하게 되었고 빵 한 조각 물 한 잔으로 끼니를 대신하기 일쑤였다. 뿐만 아니라 속옷을 빨기도 하고 세탁기를 돌리면서 아내의 빈자리와 그 역할을 다시금 생각하게 되었다.

아이들이 돕는다고 해도 한계가 있었다. 그들은 집안일을 나름대로 분담하고 노력하는 듯이 보였으나 오래 가지 못 하였고, 아비의 주문은 별로 효험을 나타내지 못하였다. 학생신분의 구실도 그렇거니와 언니 동생이 서로 미적거리다 사라지면 그만이었다. '가정교육이 잘못 되었을까?' 하고 살펴보게 되지만 주변 사람들의 칭찬이 거짓이 아니라면 이 또한 헷갈리는 일이다.

어쨌든 아버지의 존재는 보잘 것 없이 되었고 그 권위는 세월 저편의 무덤이 되어버렸다. 이를 세태로 돌려버리거나 부모의 업보로 치부해 버린다면 편한 일이지만 그러기엔 어쩐지 아쉽고 허전함이 지워지지 않는다.

그러나 전연 소득이 없는 것은 아니었다. 평소 담을 쌓다시피 한 아이들과 대화가 이뤄지면서 서로의 의견차를 확인하였고, 아버지의 자리와 길을 새롭게 그려보았기 때문이다.

아이들의 생각은 세상의 공론과 크게 다르지 않았다. 세대 간의 격차가 있었다. 내가 아이들의 힙합 패션을 이해 못 하듯이 아이들 눈에는 낡은 껍질을 뒤집어쓰고 있는 아비가 답답한 것이리라.

이런 일은 되풀이되는 것이었고 그래서 이 나이에 새삼스럽게 불효를 뉘우치고 있다. 내가 그처럼 벗어나려 했던 인습을 오히려 답습하면서 그때의 아버지처럼 아이들에게 물리려 하지 않는가.

그러나 세상은 너무 변해 있고 경험 많은 연륜을 존경하고 두려워하던 시대는 끝난 듯이 보인다. 아이들이 아니면 생활용품이 된 첨단기기 앞에서 속수무책이고 좁은 논밭을 대하던 눈으로는 안팎의 일에 참견할 수도 없게 되었다.

이런 현실을 받아들이고 나름대로의 길을 찾지 않고는 안분安分은 커녕 어디 설자리를 찾기도 어렵게 되었다. 그래서 나는 전통의 유산일 수 있는 가부장적 사고를 빨리 청산하고, 무슨 책임이나 기대감 따위는 아예 벗어버리고 내 처지와 분수에 맞는 새로운 길을 찾기로 한 것이다.

내가 집안의 짐이 되어서도 안 되겠고, 그렇다고 아내를 믿을 수도 없게 되었다. 아이들이야 그렇다고 치더라도 아내의 변화는 뜻밖이었다. 이전에 하던 말과는 사뭇 달라졌기 때문이다. "나는 시집보낸 다음에는 외손들 치다꺼리는 절대로 하지 않겠다."고 입버릇처럼 말해 왔는데 바다 건너 딸아이의 전화 한 통화에 그 다짐은 봄눈 녹듯 하고 만다.

나는 생각 끝에 아버지의 입지를 생각하면서 '혼자 사는 길'을 다짐하기에 이르렀다. 그렇다고 가족이 없는 것도, 특이한 점이 있는 것도 아니다. 아이 다섯을 가르치고 키워냈으니 남이 보기엔 불편하거나 딱한 모습보다 다복해 보일 것이고, 사실 그렇다고 할 것이다. 아이들이 나라 안팎으로 흩어지면서 제 갈 길을 닦기에 바쁘다. 그런데 이와 비례해 아내의 역할이 많아지면서 남편인 내 자리가 흔들리고 있는 것이다. 물론 아내와 아이들은 다른 좋은 말을 준비하고 있겠지만 나로선 나이답지 않게 불편한 심기를 드러내기도 어렵다. 그래서 아무도 기대하거나 믿지 않고 '혼자 사는 법'을 익히며 낙도樂道를 찾기로 한 것이다.

그러나 습관을 바꾼다는 것은 쉬운 일이 아니다. 입고 먹는 일, 어느 것 하나도 자연스러운 것이 없다. 그렇다고 변하지 않는다면 더욱 처지가 난감해질 것이 빤하니 내키지 않더라도 더 처량해지기 전에 채비를 하자는 것이다.

주변 사람들의 말로는 나이 들수록 외로움을 견뎌내기가 어렵다고 하나 이 점만은 별로 걱정이 되지 않는다. 내 사주에 삼천고三天孤가 들었다고 하더니만 그래서일까. 나로선 혼자 있는 것이 그렇게 싫지 않다. 단지 의식衣食이 불편하여 먹고 입는 것이 들쑥날쑥이지만 괴로워해야 할 그런 정도가 아니다. 오히려 지족知足을 안겨주는 듯이 느낄 때도 있다. 단지 때맞춰 먹고 입는 것이 잘 안 되고 그 뒤처리가 깨끗하지 못하지만 이쯤이야 각오한 것이다. 말같이 쉽지 않지만 마음을 다잡아 때를 맞추고 유가儒家의 전통에 얽매이지 않으면 된다.

천리 길도 첫걸음부터라고 하지 않았던가. 원인을 알면 길이 있게 마련이다. 욕심내지 않고 소박한 삶으로 돌아갈 수 있다면 아내가 어디를 가든, 아이들이 가사나 효제孝悌에 따르지 않더라도 마음 쓸 것이 못 된다. 오히려 가족 공동체의 사슬을 벗어나 자적의 한가함으로 돌아갈 수 있으리라.

오늘은 토요일이다. 땀받이 옷 몇 벌을 챙겨 근교의 농막農幕으로 떠나는데 하늘 저편에서 한 조각 흰구름이 다가온다. 혼자 산다는 것은 결국 내 인생을 사는 것이지만 아직은 얽히고설킨 끈끈한 집착이 마음을 산란하게 한다.

삶의 길에 연습은 없는 것이라지만 어차피 미완의 인생일진대 연습 또한 틀린 말이 아닐 성싶다. 집안에서 쓸모를 잃어가는 아버지와 남편의 길이 산전山田이 있는 그 곳에는 열려 있을까.

할미새집

할미새집은 내가 붙여준 이름이다. 서울특별시 중구 신당2동, 내 사무실 창을 내다보면 바로 인접한 곳에 이 할미새집이 있었다. 일본식 목조건물로 지붕에는 기와가 덮여 있었고 그 한가운데 굴뚝이 솟아 있는 집이었다. 한동안 사람이 살지 않고 손을 보지 않아 허름하게 보였지만 그 뼈대나 자리잡음은 허술한 것이 아니었다.

집 주변에는 수십 년은 묵었을 오동나무, 소나무 등 몇 그루가 늠름하게 서 있었고 처마 끝으로는 저만큼 잡힐 듯한 거리에서 남산의 하늘과 송신탑이 운치를 이루고 있어 한때의 여유롭던 모습을 짐작하게 했다.

나는 출근하기가 바쁘게 창밖으로 이 집을 내다보며 휴식의 공간을 마련하곤 했는데 언제나 굴뚝과 그 언저리의 지붕에서 정다운 한 쌍의 새를 만나게 되었다. 이 새는 작은 몸집이었지만 흑백의 조화가 돋보였고, 날렵한 맵시에 고운 목소리까지 갖추었다. 이처럼 여느 텃새와는 달랐고, 지붕 위의 굴뚝을 근거지로 하여 빈집을 차지하여 주인노릇을 하는 듯이 보였다.

나는 때때로 창을 내다보며 이 새의 움직임을 살펴보고 재미있어 했지만, 그 이름을 알기까지는 꽤 오랜 시간이 걸렸다. 나에게 낯선 새는 아니었지만 흔한 텃새도 아니었다. 어릴 때 시골의 외진 곳에서 가끔 만났던 기억이 분명한데 통성명을 하지 않고 지냈을 뿐이라고 할까.

그러나 이번만은 이 새의 이름을 꼭 밝히겠다고 작정하고, 우리 사무실을 찾는 손님 아무에게라도 도움을 청해 보았지만 분명한 대답을 얻지 못하고 있었다.

어떤 분은 굴뚝을 들락날락 하는 것을 보고 굴뚝새가 틀림없을 것이라고 했지만 굴뚝새는 내가 익히 알고 있는 새이고, 또 어떤 분은 늘상 꼬리를 깝죽거린다고 하여 그 시늉을 따서 깝죽새라고 아예 이름을 지어주었지만 재치로 받아들일 수밖에 없는 일이다.

이 분들도 이런 점을 지레짐작하여 확실한 이름이 밝혀지면 알려달라는 부탁까지 하고 가는 편이었다. 그렇다고 알지도 못하는 조류학자를 수소문하여 신세까지 질 만큼 절실하거나 다급한 일도 아니었다. 그리하여 어영부영 세월만 보내고 있었다.

뜻이 있는 곳에 길이 있어서일까. 마침내 기회가 왔다. 집에서 책을 정리하다가 눈을 번쩍 떴다. 산림청에서 펴낸 ≪한국의 새와 짐승≫이란 책을 찾아내었기 때문이다.

이 책 속에는 우리나라에 사는 새의 이름과 함께 원색의 사진을 곁들였고, 새의 모양이나 생태까지 자세하게 적어 놓고 있었다. 이 책에서 그 새의 이름을 찾아내는 데는 별로 시간이 걸리지 않았다. 눈에 익은 모습 그대로 사진이 또렷하게 박혀 있었다. 이름은 할미새, 더 세목으로 나누면 알락할미새였다.

등잔 밑이 어둡다던가. 할미새란 이름은 귀에 선 것이 아니다. 아이들 노래에서도 나오고, 옛날이야기 속에서도 의인화되어 나오던 친숙한 이름이다. 그런데도 실물을 보고 이름을 알기까지는 오랜 기간이 걸렸다. 굳이 위안을 삼는다면 쉽게 알고 쉽게 흘려버릴 수 있는 그런 이름이 아니란 점이다.

참 묘한 일이다. 이런 확인절차를 밟은 뒤부터는 더 친숙하고 반갑게 느껴졌다. 그러면서도 한 가지 의문을 품고 있는 점이 있다. 그 이름 때문이다. 저처럼 날렵하고 멋있는 미색美色을 지니고 있으면서 왜 '할미새'가 되었을까 하는 점이다. '물찬 제비'란 말이 있지만 제비보다 기품이 돋보이고 흑백이 잘 배치된 맵시에다 그 날씬함도 못지않다. 그런데도 할미새가 된 데는 무슨 딱한 사연이 있거나 누명을 뒤집어쓴 것처럼 생각되었다. 옛날 옛적 못다한 할미의 넋이 새가 되었다던 할머니의 이야기가 떠오른다. 여우에 홀려 무덤으로 간 손자를 찾다가 할미새가 되었다던. 이 할미새가 바로 그런 사연을 지닌 새는 아닐까 하고…….

나의 상상의 날개는 동화의 세계에서처럼 자유롭다. 아마 저 할미새가 살고 있는 폐가廢家의 사연 때문에 더욱 그럴 것이다. 할미새가 살고 있는 저 집은 1979년 시월 스무 엿새날, 유신의 심장을 쏘았다던 바로 그 김씨의 집이었다가 주인의 몰락에 따라 흉가가 된 집이다. 이런 집에 흔치 않은 할미새가 찾아온 데는 뜻밖으로 우연이 아닐 것이란 생각이 들었다. 그야말로 근거를 댈 수 없는 허구이지만 차원을 달리하면 얼마든지 상상의 날개를 펼칠 수 있는 것이며, 여기에 애틋하고 아름다운 정서가 마음을 어리게 한다. 이것을 누가 탓하며 고개를 돌려버리게 할 것인가.

그러나 할미새는 그 이름과는 상관없이 젊고 매력 있게 나타나서는 즐겁고 정다운 모습을 보여 주었다. 때로는 싱그러운 몸짓으로 포롱포롱 날았는가 하면, 높다란 전봇대에 옮아앉아서는 고운 목소리를 뽑기도 했다. 그러다가도 걱정스러운지 지붕으로 돌아와서는 둥지를 숨겨둠직한 굴뚝 속을 들락거리며 살펴보기도 했다. 아무리 생각해도 집주인의 짓거리요, 모습이다. 그래서 나는 이 집이 누구의 소유이든 간에 '할미새집'이라고 이름을 붙여주기로 한 것이다.

을씨년스럽게 버려진 이 집에는 마을의 다른 텃새들도 모여들어 뽐내었지만 주인격으로는 모자랐다. 참새 떼들이 찾아와서는 잡초가 우거진 뜨락을 헤집으며 왁자지껄했지만 떠돌이 수다쟁이에 불과할 뿐 이 집을 지켜낼 만한 깜냥이 아니었다. 뒤란의 오동나무 위에는 벌써부터 까치 한 쌍이 둥지를 틀고 있었지만 오가는 사람들에게 소식이나 전하면서 분수껏 살기를 작정한 듯 넘보는 기색이 없었고, 가끔 비둘기들이 날아와 할미새의 터전을 기웃거리는 듯했지만 다른 집에 매여 있는 몸으로 감당할 수 있는 것이 아니었다. 할미새집은 이처럼 안정을 찾은 듯이 보였고, 나도 그 점을 대견스럽게 생각하였다.

봄이 가고 여름이 다할 무렵이었다. 오동나무의 무성한 잎새가 축 늘어져 있었고 매미울음이 한창이었는데, 이 할미새집에 수상한 사람들이 들락거리고 있었다. 할미새 부부는 집 옆의 전봇대에 앉아서는 이런 모습을 근심스러운 듯이 지켜보고 있었다. 위험물 취급표지로 보이는 노란색 완장을 찬 이들은 집안을 들락거리며 무엇인가 장치하는 듯이 보였고, 이내 일을 끝낸 듯이 집 옆의 한길가로 나왔다. 그리고는 나팔모양의 확성기를 매고 주위의 집들을 향하여 '곧 폭파가 있으니 문을 닫아 달라'고 외쳤다.

불길한 예감이 스쳐갔다. 할미새에겐 절망이 재깍재깍 다가오는 순간이었다. 긴장된 고요……. 이내 "쾅—" 하는 폭음과 함께 할미새집은 폭삭 내려앉았다. 뿌연 흙먼지만이 자욱할 뿐이었다. 할미새에게는 그야말로 날벼락이다. 순간적으로 집을 잃어버린 것이다. 그러나 할미새 부부는 없어진 집에 연연하지 않는 듯이 보였다. 할미새 부부는 남산 쪽의 하늘을 날고 있었다.

할미새집은 이제나저제나 잠시 동안의 안식처에 불과했다. 이런 뜻을 그들은 알고 있었을까. 한때 김씨의 세도가 세월에 밀려간 것처럼 할미새도 세상의 변천에 밀려난 것이다. 나는 물끄러미 할미새가 날아간 하늘을 바라보았다. 그 허망의 빈자리가 채워지지 않음을 어찌하랴.

나이롱환자

나이롱환자란 속된 말이 있다. 6·25 때 징병관의 입에서 비롯되었다는 설이 그럴싸하지만 확인할 수 없다. 어쨌든 이 말이 그렇게 오래된 것으로는 보지 않는다. 뿌리말인 나일론 nylon의 역사가 깊지 못하고, 사전에도 오르지 못한 채로 떠돌고 있는 것이 그렇다.

이 말은 속된 그대로 가볍게 쓰이고 있지만 엉터리와 속임수를 뚫어보면서 세태와 인심을 반영하고 있다. 그러면서도 익살과 농弄을 곁들이고 있어 뿌리치거나 미워할 수만 없다. 지금 내가 이 말을 화두話頭로 삼아 명암을 가르면서 오히려 위안을 삼고자 함도 이런 까닭에서다.

내가 이 말을 처음 듣게 된 것은 논산훈련소에서 신병훈련을 받던 때였다. 그때는 한여름이었고, 고된 훈련이 예정된 날에는 어김없이 이 병의 증후군이 나타나서 의료진을 긴장(?)시켰는데 그 치료법이 기상천외로 알려져 화제가 되었다.

이 병의 증세는 오만상을 찌푸리며 복통을 호소하는 것이 보통인데, 의료진들은 환자의 짓거리나 마음을 들여다보고는 그 증세를 알아차렸고, 이에 따라 환자 한두 명을 불러내어 치료의 시범을 보인다는데 통증을 호소하는 복부에다 머큐로크롬을 적신 약솜으로 ⊕을 그리고는 구둣발로 볼기를 차서는 돌려보낸다는 것이다. 이를 지켜보던 환자들은 기가 막혀 찌푸린 얼굴을 풀고는 허연 이빨을 드러내다가 돌아서게 되는데 이미 병색도 씻은 듯하다는 것이다.

이런 이야기는 기간요원들의 입을 통하여 오르내린 것이지만 확인된 사실은 아니다. 나이롱환자의 발병을 막기 위해 지어낸 것이라 하더라도 탓할 것이 못 된다. 그만큼 이 병의 발생은 내부적인 것이기 때문이다.

여름 내내 나이롱환자의 발생은 줄지 않았고 진성환자와의 구별은 쉽지 않았을 것이다. 어떤 환자는 설사약을 구해 먹고는 뒤를 움켜쥐고 의무실을 찾았는가 하면, 로비의 효험을 자랑삼는 파렴치도 심심찮게 있었으므로 대강은 짐작되는 일이었다.

그때 나도 나이롱환자에 대한 매력을 느껴 의무실 주변을 기웃거린 적이 있는데 차마 연출에 자신이 없어 포기하고는 고된 훈련의 땀방울을 흠씬 적실 수밖에 없었다.

이처럼 나이롱이란 신종 병균은 나와는 인연이 닿지 않은 것으로 까맣게 잊고 있었는데, 그로부터 서른여섯 해가 지난 지금에야 그 증세를 보인다면 여간 뜻밖이 아니다.

지난 봄에 나는 신병으로 스무날쯤 병원에 입원한 일이 있었는데 이때 같은 병실의 동료환자로부터 느닷없이 나이롱환자로 지목받았기 때문이다. 불명예스러운 이름이지만 숨길 것이 없다. 오히려 위안을 삼고 있으니 고마운 역설이란 것을 안다.

내가 든 병실에는 여섯 개의 병상이 놓인 일반실이었으나 병실치고는 깨끗하고 밝은 편으로 환자를 비롯한 그 가족들은 격의 없이 대화를 나누면서 분위기를 훈훈하게 하였다.

치료가 어려운 병일수록 병력의 공개를 꺼리는 것이 보통이다. 그러나 같이 쓰는 병실에서 이런 비밀은 지켜질 수 없는 것이다. 수시로 담당의사가 들락거리고, 무슨 검사하면 어디가 이상이 있는지 뻔한 사실이다. 그러므로 요샛말의 프라이버시는 괜한 말일 뿐이다.

어느 날, 내 옆 병상의 주인이 바뀌었는데 사십대 중반의 사나이였다. 인천에서 토건업을 한다는 그는 유머가 있고 명랑하여 병실을 웃음꽃으로 만드는 재주가 있었다. 그는 입실하면서 신고를 자청하였는데, 그 내용이 엄청나서 귀를 의심할 지경이었다.

그는 두 달 전까지만 해도 지름 18cm의 혹을 간에 달고 다녔다는데 '동맥색전시술'의 효험이 있어서 지금은 15cm 정도로 줄었으며, 이번의 두 번째 시술로 두 달 뒤에는 10cm 정도로 줄어들 것이라고 장담하였다.

이런 믿음 뒤에는 아내의 내조가 받쳐주고 있었는데, 그의 아내는 기氣운동과 식이요법 등에 상당한 수준의 전문가가 되어 있었다. 이날도 신고를 마친 다음 선입환자와 그 가족들의 요청에 따라 기운동의 시범을 보였는데, 남편을 돌보는 과정에서 얻은 것임은 말할 것도 없다.

이때부터 우리 병실에서는 '18cm'라는 별명이 생겨났는데 당사자도 거부감을 보이지 않았고, 다른 환자들에게는 용기를 배가하는 듯이 보였다.

바로 그 '18cm'가 내 병상 앞에 걸린 팻말을 보고는 '역행성 담도촬영'이 무엇이냐고 물었다. 나는 담낭수술을 위한 과정에서 하는 검사임을 알려줬는데 그는 나를 쳐다보며 실망했다는 듯이 대뜸 던지는 말이 '선생님, 나이롱환자시군요'였다. 간경화가 아니면 간암환자들의 틈바구니에서 유일하게 담석증환자가 끼어서 환자연하고 있으니 그럴 만도 하다. 그렇다고 나의 증세가 가벼운 것이 아니었다. 통증이 오게 되면 다음 날까지도 계속되어 어찌할 바를 몰라 하는데, 이 병실에서는 그야말로 웃기는 환자가 된 셈이다. 나로서는 이런 푸대접이 싫지 않았지만 내색하지 않았다. 괜히 주변의 환자들에게 미안하다는 생각 때문이었다.

창밖에는 한창 봄이 무르익고 있었다. 지칠 줄 모르는 생명력이 싱그럽기만 한데, 내 머리 속엔 나이롱환자가 맴돌았다. 삶이 무엇이기에 오명汚名을 빌려 역설로 위안을 삼고 있으니 말이다. 갑자기 세월 저편의 훈련병 시절로 거슬러가 머큐로크롬 치료법을 화제로 삼던 그때의 기억이 떠오른다. 여기에 무슨 연緣줄이 닿아 있을까마는 견주어 보는 것만으로도 기이하게 생각되었다.

나는 '18cm'가 내게 던진 '나이롱환자'를 부인할 생각이 없다. 그가 아무리 생에 대한 강렬한 빛으로 나를 부시게 하더라도 나이롱환자의 불명예를 뿌리치거나 미워할 수 없다. 오히려 엉터리이거나 속임수라는 오명으로 위안을 삼고 있다. 오늘 내가 나이롱환자가 된 것이 얼마나 다행한 일인가.

즐겁게 일하기

남자가 갑년甲年을 넘기면 이사할 때 이삿짐 차의 조수석에 먼저 타지 않고는 버려지게 된다는 우스갯말이 있다. 세태의 변화를 빗댄 말이지만 그냥 흘려버리기엔 발등이 뜨겁고 다급하다.

경우가 좀 다르더라도 이런 일은 어디서나 일어날 수 있다. 경험이 쓸모없으면 권위도 무너지게 되므로 나이나 가장家長의 덤이 주어지지 않는다. 가사에 익숙한 노고老姑의 쓸모에 비기면 영슈을 세워 부지하는 부로父老의 나이테는 얼마나 거추장스러운가.

그러나 이런 흐름을 미리 알아차렸다고 하더라도 이에 대처하기란 쉽지 않다. 아무리 편리한 것이라 하더라도 한풀 꺾인 나이에 익숙하지 않는 일과 마주한다는 것은 두려운 일이다.

그래서 눈을 뻔히 뜨고도 '맹盲'의 수모를 당하게 된다.

컴퓨터가 처음 등장할 때만 해도 설마 글 쓰는 일까지 대신하겠는가 하고 대수로 여기지 않았다. 그러나 그게 오래 가지 않았다. 몇 년 사이에 그야말로 '뽕나무밭이 바다가 되어' 어느 틈엔가 컴맹이란 낙오자가 될 줄이야. 그러다가 겨우 눈을 뜨는가 싶었는데 이번엔 인맹이란 신종의 눈병이 찾아와서 까막눈을 만들었다. 이 또한 앞가림이라도 하려면 나이를 꿍쳐놓고 배우러 다니든지 아니면 아이들의 역정을 이겨내어야 한다.

그런데 남로男老의 길에는 이런 문명의 짐이나 걸림뿐 아니라 집안에서의 입지도 흔들리고 있다. 아이라도 보지 않는다면 쓸모가 없게 된다. 노고老姑가 자식들의 성화에 국제파출부라도 징발되는 날에는 그야말로 외기러기신세로 자잘한 가사에서부터 끼니걱정까지 해야 한다.

자족하는 방법을 익히지 않고는 고달프고 처량하게 된다. 그래서 생각을 바꾸고 관습을 버려야 그나마 부지할 수 있지만, 어릴 때 사내랍시고 호연지기를 주입받으며 자랐던 세대로서는 감당하기가 난감하다. 이런 점을 크게 느껴 생각을 고쳐먹는다 하더라도 쉽게 행동으로 옮겨지는 것이 아니거니와 자칫 몸에 밴대로 호기라도 부리게 된다면 왕따가 되기 십상이다.

젊어서 이런 것쯤 걱정하지 않아도 될 만큼 모은 사람들에게는 아예 고개를 돌리고 한가하게 자적하면 그뿐이지만, 늦게까지 일의 사슬에 묶여 있거나 가진 것 없이 집안에 매여 있다면 시쳇말로 '위기관리'의 적선지대가 따로 있는 것이 아니다.

이뿐이랴. 언짢은 바깥소문도 어깨를 축 늘어뜨리는데 한몫을 한다. 금슬이 좋다고 소문난 아무개가 정년퇴직을 하자말자 양처럼 여겼던 가처家妻가 송사를 일으켜 황혼이혼을 했다느니, 아무개는 자식의 보증을 섰다가 집을 빼앗겨 당장 거처할 곳도 없이 거리로 내몰리게 되었다느니 하는 이야기 따위가 그렇다. 이 말이 곧이곧대로라면 부로父老의 수난시대라고 할 만하다.

그렇다고 어찌하겠는가. 힘들고 궂은일이라도 참고 삭이며 즐거운 마음이 되는 수밖에 달리 도리가 없다. 마음먹기에 따라 천당도 지옥도 갈 수 있다지 않는가. 힘든 일은 단련과 건강을 위해서, 궂은일은 겸손의 행行으로 마음먹는다면 편한 길이 될 수도 있다.

이런 생각을 하면서 짐 꾸러미를 들고 시장으로 우체국으로 돌면서 자신과의 싸움에서 개선하기 위해 안간힘을 쓰는데, 힘에 겨워 부치거나 고달픔이 느껴질 때마다 지옥을 탈출하듯 '즐겁게 즐겁게'를 되뇐다.

이것으로 끝난 것이 아니다. 거처에 들면 마감에 쫓기는 원고를 써야 한다. 노곤勞困쯤은 미뤄두고 컴퓨터와 마주하게 된다. 손가락 두 개로 서툴게 자판의 글자를 찾아가며 한 줄 두 줄 이어가는 것이 그래도 반갑다. 글과 씨름하다 보면 어느 틈엔가 훌쩍 시간이 가게 되고, 원고를 다듬게 되면 인터넷으로 첨부하여 갈 곳으로 보내면 된다. 컴맹·인맹 시절의 당혹감을 생각하면 얼마나 대견한 일인가.

이쯤이라도 익혀서 맹盲의 아쉬움을 덜게 되었고, 나이테의 한계도 외기러기의 고달픔도 무자비한 문명의 변화도 두루 겪어 옛날 같으면 노장이라 할 만하지만 지금은 남루한 패잔병의 몰골이 제격이다.

세월은 덧이 없다고 했던가. 그래서 내일도 모래도 어떤 일이 기다릴지 알 수 없다. '세 살 버릇 여든까지'라는데 부지불식간에 적응에 문제가 생겨 거식증拒食症이 나타날 수도 있고 불청의 청맹과니가 괴롭힐지 모른다. 그렇더라도 '즐겁게 즐겁게'를 주문呪文으로 외며 바뀐 세상의 풍속을 익히며 물릴 수밖에 없다. 이보다 편한 남로男老의 길이 달리 있을 성싶지 않다. 이제 '즐겁게 즐겁게' 하고 노곤을 씻을 때가 되었다.

빈자의 일등

노모께서는 해마다 초파일이면 내 이름으로 연등을 다신다고 하지만, 나는 이 등에 대해 특별한 관심을 나타내거나 확인해 본 일이 없다.

연등을 다는데도 정성이 으뜸의 공덕이라면, 그 가운데 내 이름이 끼인다는 것은 여간 면목 없고 송구스러운 일이 아니다. 그런데도 사양하거나 달리 성의를 나타내 본 일도 없다. 단지 1일등, 1년 등 하시면서 등 값을 주문한 일은 있지만 그것은 내 정성과는 무관한 것이다. 만약 공덕의 크기에 따라 등불이 켜지는 것이라면 설령 1년등이 아니라 천년등을 달았다고 하더라도 노모의 정성을 빼고 나면 금방 꺼질 것이 분명하다.

이처럼 노모의 정성으로 내 이름의 연등이 달리고 있지만 이로 인한 공덕이나 가피에 대해서는 조금도 개의하지 않는다. 굳이 의미를 찾는다면 노모의 지극한 정성 그 자체로서 만족하며 받아들이는 일이다.

그러므로 스스로 정성이 따르지 않는 것이라면 아무리 크고 밝고 수명이 긴 것이라 하더라도 그저 담담하게 여길 뿐이다. 더욱이 돈으로 결정되는 것이라면 마음으로 켜는 법등法燈과는 교감을 갖기보다는 자칫 겉치레의 자만을 부추길 것이라는 생각이 앞서기 때문이다.

무관심은 관심을 일으키는 바탕이 되고 그 통로가 될 수 있다. 연등달기 또한 예외로 보지 않는다. 무관심이란 들떠 반응하지 않는 항상심恒常心과 다를 것이 없을 성싶다.

며칠 전에 시골을 다녀오는 길에 산사를 찾게 되었다. 마침 이 날이 '부처님 오신 날'이라 절 안팎으로 크고 작은 연등들이 즐비하게 매달려 있었다. 화려하다면 화려하고 정성이라면 정성이라 할 수 있다. 이런 산사의 밤 풍경은 모자람이 없는 축제의 향연을 펼칠 것이 분명하다. 그러나 그 화려한 연등에서 정성을 느끼기보다는 무지개의 허망과 그 부질없음을 생각하고 있었다. 등 크기로 자리를 배려하고 이름 크기로 대접을 받고 있는 것이 세속의 모습 그대로였기 때문이었다.

나는 이런 모습 앞에서 엉뚱하게 세월을 거슬러 오르며 상상의 세계를 수놓고 있었다. 붓다 생전의 죽림정사. 패륜을 참회하는 아자세왕이 나타나고 가난한 노파 난타가 등장하면서 죽림정사의 밤 풍경은 연등의 불빛으로 꽃동산을 이루고 있었다. 점점 밤이 깊어가면서 왕이 보시한 만 개의 등불이 다 빛을 잃었는데 오직 한 개의 등불이 빛을 발하지 않는가. 말할 것도 없이 난타가 집집을 걸식하면서 구한 두 닢의 돈으로 마련한 그 등불이다. 빈자의 일등이 왕의 만등을 압도한 것이다. 가련하기도 하고 통쾌하기도 하지만 그보다 가난한 노파의 간절한 정성이 가슴을 여미며 마음을 켜 준다. 이천 오백여 년의 세월이 흘렀는데 아직도 꺼지지 않고 마음을 밝혀주고 있는 이 등불의 힘에 숙연해지지 않을 수 없다.

나는 다시 현실로 돌아온다. 산사의 풍경은 신록을 배경으로 한 폭의 그림 같다. 선남선녀들이 들끓고 즐비하게 매달린 연등들이 보시한 사람의 이름을 달고 그 화사함을 뽐내고 있다. 지금은 한낮. 궂었던 아침나절의 날씨가 개이면서 맑고 싱그러운 정경을 드러내고 있다. 쏟아지는 햇빛, 수런거리는 숲들이 가람을 감싸고 있는데 연등을 거느린 미소 띤 부처가 사람들의 경배를 받고 있다. 그러나 정성으로 밝히는 법력의 힘과 그 가피는 쉽게 짐작할 수 없다.

이 많은 연등, 정성보다 재물의 힘으로 단 것이라면 이 또한 아자세왕의 만등과 다를 바가 없을 것이다. 이내 날이 저물어 어둠이 깃들게 되면 저 즐비한 연등들이 빛을 발하겠지만 과연 마음까지 켤 수 있는 법등이 몇 개나 될 것인지 의문이 지워지지 않는다.

이날 서울로 돌아와서 전철을 탔다. 할머니 몇 분이 절에 다녀오면서 이야기를 나누고 있는데 노모의 이야기처럼 마음에 걸린다. 연등달기가 아니라 돈달기처럼 생각되어 속이 상하더라는 것이다. 크고 값비싼 것을 우대하고 하루짜리 싸구려 등은 어디에 달렸는지 찾을 수도 없더란 푸념이다. 귀에 선 이야기가 아니다. 노모가 등을 달고 와서 가끔 비치던 이야기다.

사찰도 돈이 있어야 살아남을 것이지만 이런 차별이 공공연히 느껴지고 있다면 반가운 일이 아니다. 설마 사찰에서 의도적으로 그럴 리야 없겠지만 자격지심으로라도 느꼈다면 돌이켜 살펴볼 일이다.

이런 일이 있을 때마다 '빈자의 일등'이 점점 밝게 각인된다. 정성보다 재물이 판치는 세상, 한 개의 등을 다는데도 눈치를 살펴야 한다니 참으로 헷갈린다. 아무리 연등행사를 성대하게 치른다고 하더라도 정성보다 재물에 의존한 것이라면 그 빛으로 어둠을 밝힐 수 있겠는가.

나는 지그시 눈을 감았다. 한밤중에 홀로 켜져 있는 그 등불이 점점 빛을 더하면서 마음을 채워준다. 가난한 노파 난타의 지극한 정성이 밝혀주는 법등이다. 오늘의 절간에도 이런 연등이 곳곳에 켜졌으면 좋겠다.

나는 다시 노모의 마음을 헤아려 본다. 늘 더 밝고 오랜 수명의 등燈을 달고 싶었던 것을 하루등을 달고 와서 옆자리의 할머니들처럼 부족함을 비치던 모습이 지워지지 않는다. 아들 된 도리로서 송구스럽게 여기고 있지만 별로 관심을 두지 않고 있다. 아무리 노모의 정성이라 하더라도 이름의 치레로 호사를 하고 싶지 않으니 반응이 신통치 않을 수밖에 없다.

나는 노모의 정성으로 보시한 1일등에 오른 것만으로도 과분하게 생각한다. 나는 이런 정성에 뜨거움을 느끼고 있지만 여기에 빛이 있다면 노모의 몫이다. 내가 바란다면 작은 등 한 개라도 주변의 눈치를 살피지 않고 정성으로 달 수 있는 풍토가 되었으면 한다.

아무리 돈달기의 세태가 판을 친다고 하더라도 정성까지 돈으로 채울 수 있겠는가. 거듭 '빈자의 일등'을 새겨본다.

행화촌 유감

한갓진 시골마을이다. 마침 청명절이 되어 살구꽃이 한창인데 봄비까지 부슬부슬 내린다. '행화촌杏花村'이 멀리 있는 것이 아니라 바로 눈앞에 있다는 생각을 해 보지만 술과 풍류가 따르지 않는다면 회자膾炙되는 행화촌은 아니다. 그만큼 행화촌은 술과 풍류가 스며 있는 운치 있는 마을로 자리잡고 있다. 그것은 술맛도 그렇거니와 이를 뭇사람의 입에 오르내리게 한 시인 두목지杜牧之의 힘이 아닌가 생각된다.

봄비가 부슬부슬 내리는 청명날
길가는 나그네의 목마름으로
근처에 주막이 어디 있느냐고 물었더니
목동이 행화촌을 가르키네.
清明時節雨紛紛 路上行人欲斷魂 借問酒家何處有 牧童遙指杏花村

두목지는 미남 풍류시인으로 당시에도 이름을 떨쳤다고 한다. 그래서 그의 칠언절구는 이름을 얻게 되었고, 행화촌은 술과 시문으로 향과 운치를 앞세워, 이 고장을 거쳐가는 나그네에게 목마른 무료無聊를 축여주는 미약媚藥이 되었음은 물론이다.

행화촌은 중국의 산서성 분하汾河 기슭에 있는 마을 이름으로 천오백 년의 세월이 쌓인 고천古泉의 주맥酒脈을 이어오고 있는 술의 고향이다. 지금에도 살구나무가 마을을 지키고 있는지는 알 수 없지만 행화촌의 시구詩句가 생명을 잃지 않는 한 그때의 풍류를 새겨둔 주붕들의 마음에는 그대로일 것이다.

수 년 전 문우 안재식, 김운용 형과 중국 오대산을 거쳐 이곳을 들르려 했지만 일정을 맞추기가 어려워서 그만두고, 태원太原의 문인들과 만나 술자리를 같이 하며 행화촌의 이야기로 풍류를 대신하였는데, 그때 분주와 죽엽청주가 나와 시문詩文에서 익은 정을 새롭게 하였다.

그래서 그랬는지 술이라기보다 세월이 빚어준 맑은 이슬이라는 생각으로 권주를 사양하지 않아 대취하여 여독을 더한 일이 있었다. 그런데 그때 함께 했던 문우 두 사람이 해를 앞서거니 뒤서거니 하여 불귀不歸가 되었으니 청명절의 봄비가 아니래도 돌이켜 보면 목마르고 허전함을 숨길 수가 없다.

지난 봄 우연히 서울중앙우체국 뒷골목을 지나다가 행화촌이라는 간판을 발견하였다. 들러보고 싶은 충동이 들었으나 동행의 주붕도 노자路資도 마땅하지 않아 지나치고 말았지만 머나먼 주천酒泉의 맥을 이 곳까지 이었구나 하고 천 수백 년 전의 봄비 내리는 청명절 그 날의 무료한 목마름을 새겨보았다. 어느 봄날을 골라 행화촌의 이름을 좇아 이 곳을 찾아볼까 하지만 무슨 기약된 약속이 아니므로 두고 볼 일이다.

그런데 얼마 전에 '행촌'이라는 수필 전문지에서 5매 수필 청탁이 와서 '행촌유감'이란 제題를 달아 술에 풍류를 곁들인 이야기를 써서 보냈더니 받아들이기가 어려웠던 모양이다. 한자의 '행杏'자는 제단으로 쓰일 때는 은행나무의 뜻으로 쓰이지만 그렇지 않고는 살구나무의 뜻이라고 한다. 그 살구나무에 꽃을 단 듯하였으니 주사酒肆의 어긋남을 탓하지 않을 수 없었으리라. 그래서 난처함을 알려 와서 거두게 했다. 그런데도 그 뜻을 물어보지 않았다. 그것은 애초부터 주천을 염두에 두었으니 좋은 뜻을 간직했다 하더라도 나에게 굳이 관심거리가 아니었기 때문이다.

해마다 때가 되면 살구꽃이 필 것이다. 이원수의 고향처럼 복숭아꽃, 살구꽃이 아기진달래와 함께 등심으로 피는 곳도 있을 것이지만, 나에겐 풍류가 발목을 잡는다. 그래서 청명절 시골마을을 지나다가 살구꽃을 대하면서 천오백 년의 세월을 거스르고 만리 밖 주가酒家를 생각하며 봄비 내리는 날의 출출한 허기와 무료를 축이고 싶은데 주모라도 곁에 있어 말벗이라도 되어 준다면 또한 안주가 될 것이다. 분주나 죽엽청주가 아니더라도 소주나 모주인들 어떠랴.

이제 행화촌은 중국 산서성 분양현 분하 기슭에 있는 옛 마을에만 붙일 수 있는 이름이 아닌 성싶다. 단지 그 곳은 원천으로 자리 잡고 있을 뿐이다.

이미 마음엔 목동이 소를 몰고 기웃거리고, 살구꽃이 분하汾河에 어리고 있는데 행화촌이 멀리 있다고 지나칠 일이 아니다. 한갓진 시골의 풍경이 열린 전원에서 두목지의 무료와 목마름을 축일 수 있다면, 바로 그 곳이 행화촌이 되지 않으랴.

저기 기웃거리는 목동에게 주막이 어디 있느냐고 말을 걸어볼 일이다.

군자란의 소생

지금 내 마음은 흐뭇하다. 햇빛 잘 드는 창가에 놓인 군자란 화분에서 새잎이 돋아나는 것을 바라보고 있다. 흠집투성이의 묵은 잎새 사이에서 티 하나 없이 맑고 깨끗한 모습으로 싱그럽게 돋아나고 있다. 아무리 바라보아도 장하고 반갑고 정답다. 이런 조화造化가 어떻게 이뤄지는지 생명의 신비로움에 새삼 놀랄 뿐이다.

전에도 가까이에 군자란을 두고 그 늠름하고 싱그러운 잎새며 꽃을 즐긴 일이 있으나 지금에 비길 바가 아니다. 그것은 사신死神이 드리운 혹독한 시련을 보았고 인고의 세월을 함께 지켜왔기 때문이리라.

이 화분은 그러께 가을, 우리 사무실 건물의 손바닥만한 정원에 버려져 있던 것이다. 잎새란 잎새는 병든 부분이 잘려나간 자국과 담뱃불에 지진 듯한 상처가 아물지 않는 그야말로 만신창이었다. 버려질 무렵에는 아마 재떨이처럼 쓰인 듯이 보였다. 잎새의 상처도 그렇거니와 화분 속에 나동그라진 몇 개의 꽁초가 이를 증명이나 하듯이 잔혹함을 느끼게 했다.

어느 사무실에서 버림받은 것인지 대강 짐작이 가는 일이다. 내가 들른 일이 있는 그 사무실, 그때도 담배연기가 자욱했는데 화분 몇 개가 눈에 띄었다. 무슨 강장식품으로 피라미드 판매를 한다는 회사였는데 남녀 외판원들이 무시로 들락거렸고, 그들은 화장실을 끽연실처럼 만들곤 하여 함께 쓰는 이웃들의 신경을 쓰이게 하였다. 바로 그 사무실에서 나온 것이 틀림없었다. 개업 때 쭉 빠진 꽃대궁에 화사한 꽃까지 달고 축하사절로 왔다가 이 지경이 되었겠거니 생각하면 영욕의 명암이 엇갈린다. 차라리 일찍이 버렸으면 이처럼 참담하게 되지는 않았을 것이다.

나는 화분 속의 담배꽁초를 줍고 그늘진 곳을 비켜서 볕이 드는 곳에 옮겨 주었다. 땅 냄새를 맡게 되면 좀 나을 것 같아서다.

그러나 가을은 점점 깊어갔고 곧 첫추위가 왔다. 첫얼음이 언 날 아침, 출근길에 그 화분에 눈이 갔다. 추위에 상했음을 알 수 있었다. 흠집투성이의 을씨년스런 잎새마저 축 늘어져 샛노란 속살을 드러내고 있었다. 나는 이 화분을 우리 사무실에 들게 하였다. 어쩌면 살려낼 수 있을 것 같았고, 설령 그렇지 못하더라도 그때 버리면 되는 것이다.

우리 사무실은 상한 화초의 회복실로 괜찮은 조건을 갖추고 있었다. 남쪽으로 창이 나 있어 햇볕이 잘 들고 담배를 태우는 사람도 없다. 가끔 손님이 와서 끽연을 하는 일이 있지만 걱정할 정도가 아니다.

요행히 목숨이라도 부지한다면 오는 봄을 기약할 수 있는 일이다. 끈질긴 생명력에 대한 기대는 말할 것도 없고 운이 따라주기를 바랐다. 나의 기대가 헛되지 않았다. 겨울을 보내는 동안 상처가 깊은 겉잎은 말라버렸지만 속잎 여남은 개는 꼿꼿이 일어서서 살아 있음을 보여 주었다. 질기다면 질긴 목숨이고, 운이 따랐다고 해도 틀린 말이 아니다.

그런데 봄이 왔는데도 기척이 없다. 너무 참혹한 시련이어서 기동을 채비하는데도 갑절의 세월이 걸리는 것일까. 여름도 가고 가을이 지났는데도 자람을 멈춘 그대로 움츠려 죽은 듯이 조용하기만 하다.

나는 화훼의 전문가도 아니고 더욱이 군자란에 대해서는 아는 바가 없다. 굳이 있다면 사무실 내 책상 위에 몇 달 눈요기로 두었던 일이 고작이고, 사전의 풀이를 빌려서 겨우 남아프리카가 고향이며, 난초과가 아니면서도 난의 이름으로 모자람이 없는 기품을 지니고 있다는 것을 알 뿐이다. 그런데도 성한 데가 없는 이 시련의 볼썽사나운 것에 미련을 갖고 살아주기를 바라는 것은 참혹한 현장을 보아온 연민이거나 끈질긴 생명력에 대한 외경畏敬 때문일 것이다.

지루한 기다림이었지만 보람의 때가 왔다. 두 번째의 봄을 맞이하면서 마침내 기별을 보내준 것이다. 자람을 멈추었던 흠집투성이의 잎줄기가 긴 잠을 깬 듯 갑자기 키가 높아지면서 속잎이 돋아나고 있었다. 얼마나 장하고 반갑고 보람 있는 일인가.

이때다 싶어 분갈이를 해 주었는데 새잎이 어느 틈에 쑥쑥 빼어나게 자랐는가 싶으면 속잎이 잇달아 돋아났다. 잠깐도 멈추지 않는 생명의 행진이 이어졌다. 어디서 이처럼 매끄럽고 깨끗한 잎새가 돋아나는 것일까. 놀랍다는 말밖에는 달리 나타낼 수가 없다.

새잎 네댓 개가 솟아나면서 이름 그대로 '군자'의 기품을 회복하고 있었다. 이태 전 버림받았을 때의 참담하고 지친 몰골이 아니다. 새롭고 활기차고 깨끗한 생명력의 기쁨을 가득 머금고 있다.

아직도 대여섯 개의 낡은 잎새는 시련의 자국을 지우지 못하고 있지만 새잎에 밀려나며 가려지고 있다. 나는 점점 바래고 거칠어 가는 낡은 잎새 두 개를 따내었다. 고난을 버텨준 장한 잎새지만 새잎을 위해서는 어쩔 수 없이 겪어야 하는 아픔이다. 그 정리情理로 봐서야 안 됐지만 여간 가뜬하고 개운하지 않다. 낡은 것은 새것을 남기며 어디론가 떠나야 하는가 보다.

아직도 흠집을 안은 묵은 잎새가 몇 개 남아 있다. 그 가운데는 세월의 단층을 보여주는 것도 있다. 어려웠을 때 자람을 멈춘 속잎이 때늦게 자라면서 보여주는 어울리지 않은 어색한 모습이다. 요사이 자란 잎새의 밑동 부분은 큰 너비의 잎새로 자라 받혀주고 있는데 묵은 잎새는 굳어져서 그런지 고난 때의 좁은 모습 그대로 칼날처럼 우듬지를 세워서 멈추었던 세월의 아픔을 증명하고 있다. 새로 돋아나서 어려움 없이 자란 잎새와는 다른 모습이다. 여기선들 어찌 세대 차가 없을까 보냐. 고르지 못한 세월의 명암이 빚어낸 굴절된 삶의 자국이다.

이 군자란은 이대로 자란다면 오래지 않아 온전한 모습으로 돌아갈 것이다. 그리고 흠집이 숭숭한 묵은 잎새를 다 따내게 될 때쯤이면 큰 포기를 이루게 될 것이고, 볕 잘 드는 창가에 꽃대궁을 뽑아 올릴 수도 있을 것이다. 물론 조섭을 알맞게 하고 환경이 따라줘야 할 것이다.

나는 지금 참으로 흐뭇한 마음으로 새롭게 돋아나는 잎새를 바라보고 있다. 영욕이 엇갈렸던 명암을 떠올려보면서 거듭 흐뭇함을 맛보고 있다.

혼배성사 여담

베란다의 포도나무

어느 날의 산간 일기

가을 산간에서의 한거閑居

글이 곧 사람

마음을 끄는 수필

황성 옛터

일월담日月潭

삼유동三游洞의 묵향

혼배성사 여담

나는 종교에 대해 특별히 감싸거나 뿌리치지 않는다. 그러므로 믿음에 빠지는 일도 없고 내 주장을 내세우지도 않는다. 그렇다고 내가 선호하는 종교가 없다는 말이 아니다. 그저 담담히 받아들이고 대할 뿐이다.

우리 집에서는 나 혼자만을 빼고 천주교를 믿고 있지만 이로 인한 분쟁이나 갈등으로 속 썩힌 일은 없다. 그것은 아내의 이해가 따른 것이기도 하지만 나로서도 특별한 금단이 없기는 마찬가지다. 아내는 지나가는 말로 함께 교회에 나갔으면 하는 희망을 나타낸 일은 있지만 나에게 강요하는 일이 없고 나 또한 말리거나 막아 선 일이 없다. 그야말로 각자 선택에 따르고 있다.

그러나 처음부터 아무 일이 없었던 것은 아니다. 믿는 사람과 믿지 않는 사람의 만남에는 두 사람의 뜻과는 상관없이 이와 관계되는 문제가 불거져 어렵게 만들 수도 있다. 나의 경우도 예외가 아니다. 부부로 출발도 하기 전에 파경을 맞을 뻔하였으니 웃어넘길 사소한 일로 치부할 수 없다.

삼십 수 년 전 그때 우리는 결혼식 날짜를 잡아놓고 있었다. 천주교 신자인 신부는 그 이전에 교회에서 혼배성사를 해 주기를 원했고 그것이 믿음을 강요하는 것이 아닌지라 나도 그렇게 하자고 했다. 무엇보다 평생을 같이 살 사람인데 처음부터 자잘한 것을 내세워 속 좁은 모습을 보이고 싶지 않았을 뿐 아니라 이것을 한다고 별일이 일어날 것 같지도 않았고 내가 변할 것도 없었기 때문이다.

행여 다른 일이 일어날까 염려하여 부모님께는 아예 알리지도 않았다. 유교적 전통을 고집하는 분들이라 교회의식을 반대할 것은 뻔한 일이었고, 혹시라도 이로 인해 일어날 수 있는 문제를 미리 없애버리자는 것이었다. 그러므로 이 일은 어디까지나 나의 책임 하에 이뤄지고 있었다.

그러나 일은 엉뚱한 데서 터졌다. 혼배성사를 진행하던 중 주례 신부神父가 퇴장해 버리는 해괴한 일이 벌어진 것이었다. 나로선 생각 밖의 일이었고 종교의 경직성을 절실하게 맛본 심각한 체험이었다.

의식을 위해 주례 신부 앞에 섰을 때만 해도 믿는 사람과 맺기 위하여 거쳐 가는 것쯤으로 생각했을 뿐이었다. 주례 신부는 그 이상을 기대한 것 같았다. 신랑·신부의 혼인 서약뿐만 아니라 아직 태어나지도 않는 아이들의 믿음에 대해서까지 서약을 받으려 했다. 나는 그들의 선택에 따르겠다는 서약 아닌 대답으로 대신하였다. 이에 대해 주례 신부는 거듭 확인하였지만 나의 대답 또한 한결 같았음은 물론이다. 이에 대해 주례 신부는 받아들일 수 없었던 모양이었다. 뿐만 아니라 주례 신부는 신부新婦에게도 불만스러운 이야기를 서슴지 않았다. 믿지 않는 사람과의 결혼에 대한 못마땅함을 거르지 않고 드러내었다.

나는 이에 대해 이해하기가 어려웠다. 아무리 교회 안에서 치르는 의식이라 하여도 이 문제는 함부로 할 수 있는 것이 아니었다. 순간을 쉽게 넘기기 위해 그렇게 하겠노라고 서약을 했다 하더라도 책임질 수 있는 것이 아니며 또한 그럴 수 있다 하더라도 부모가 멍에를 지워주는 것은 마땅한 일이 아니다.

그때 나는 머쓱한 채로 같이 간 친구들과 의논하였다. 나의 일행이라야 두 사람의 친구뿐이었고 그들의 의견도 갈리고 있었다. 한 친구는 답답하다고 했다. 그런 것은 적당히 넘어가면 되는 것인데 곧이곧대로 꽉 막혀 있느냐고 나무랐다. 또 한 친구는 신념에 관계되는 일인데 쉽게 넘어갈 수 없는 것은 당연하다면서 내 뜻대로 밀고 나가라는 것이었다.

점점 시간이 흐르면서 나는 마음을 굳히고 있었다. 신념까지 바꿔가며 위기를 모면하고 싶지는 않았다. 아니라도 결혼

식 날짜까지 잡아놓은 터라 처음부터 이런 의식이 달갑지 않았는데 차라리 잘 되었다고 생각했다. 나로서는 우물쭈물 할 수가 없었다. 어차피 될 수 없는 일을 기다리다 보면 더 비참하고 우습게 될 것 같았다. 그래서 서둘러 돌아갈 채비를 하고 있는데 신부 측에서 조금만 더 기다려 달라는 것이었다. 별로 내키지 않았지만 뒷일을 염려해서 그렇게 하였다. 무엇보다 그 동안의 정황으로 보아 결혼 자체가 깨어지리라고는 생각하지 않았지만 이를 수습하지 않는다면 두고두고 부담이 될 것 같았다.

이날 주례 신부는 신랑 신부에 대해 처음부터 흔쾌한 모습이 아니었다. 교회에 도착하자마자 신부와 함께 방으로 찾아가서 인사를 드렸는데 교역자의 편안한 모습으로 다가오지 않았다. 사전에 신랑이 신자가 아닌 것을 알 터인데도 다시 물어보는 등 속내를 떠보았고 예비수녀 생활을 했던 신부에 대해서도 아쉬움을 숨기지 않았다. 아마 잘못된 만남으로 단정하고 그런 심기를 드러내었다고 해도 넉넉히 그럴 만한 까닭을 지니고 있었다.

나는 이때 종교 문제의 심각성을 새삼스럽게 숙고하게 되었다. 서로 다른 믿음은 그 자체만으로도 불씨가 될 수 있으며 언제라도 장애물이 되어 길을 막아설 수 있는 것임을 알려준 셈이다. 그렇다면 일찌감치 홍역을 치른 것이 앞날을 위해 약이 될 것이라고 마음을 추슬렀다.

그러나 현장은 여간 난감하고 당혹스러운 것이 아니었다.

나로서는 처음부터 큰 의미를 갖고 간 것도 아니었고 가족이 참석한 것도 아니어서 나만 수습하면 되는 것이었지만 신부 측은 그게 아니었다. 장모 될 분은 사색이 되어 주례 신부에게 매달렸고 아내 될 사람은 처음에는 눈물을 보이다가 나름대로 결심한 듯 보였다. 주례 신부는 신랑의 생각을 바꾸지 않는 한 풀릴 기미가 없는 듯이 완강하였지만 아내 될 사람이 단독 면담을 하면서 마음을 누그러뜨렸다.

그리하여 가까스로 수습이 되었지만 세 시간이 흐른 다음이었다. 그 과정에 아내가 어떤 말로 주례 신부를 설득했는지는 이날까지 따져 물어본 적이 없지만 아이가 생기면 믿음의 길로 들 수 있도록 하겠다는 그런 약속을 하지 않았는가 짐작된다. 삼십 수 년이 흐른 지금 우리 부부는 1남 4녀를 키우게 되었고 엄마를 따라 모두 가톨릭 신자가 되었으니 그때 내가 약속을 회피한 것과는 상관없이 주례 신부의 뜻대로 다 된 셈이다.

그리고 막내아이는 믿음에 구애됨이 없이 불교관계 학과를 전공으로 선택하였고 다른 아이들도 타종교를 배척하지 않고 존중하고 있어 다행으로 여긴다. 혼배성사 때의 시련이 약으로 작용한 것인지는 알 수 없지만 우리 집은 종교일치를 이루었다 해도 '그렇구나' 하고 웃어넘길 수 있게 되었다.

지난 가을에 안성 시내를 지나다가 그때의 생각이 문득 나서 그 교회를 찾아보았다. 한적한 안동네에 자리잡고 있는 구포동 성당, 그 해 가을처럼 노란 은행잎이 뜨락을 수놓고 있었다. 목조로 된 이 교회는 연조가 오래된 초기 교회라고 들었으며 소담한 모습으로 조용히 자리잡고 있었다. 그때 의례를 진행하다가 퇴장했던 손 신부는 벌써 돌아가신 것으로 아내로부터 들어 알고 있었다. 지금 교회의 뜨락에서 그 분의 혼령이 보고 있다면 그때나 지금이나 생각이 조금도 변하지 않는 나를 보고 무엇이라고 할까.

갑자기 한 줄기 스산한 바람이 지나가고 은행잎이 흩날린다. 지난날의 기억이 새삼스럽게 다가온다. 종교보다 강한 것이 있다면 연분의 질긴 사슬일까. 바람을 안고 교회 문을 나서는데 오고가는 계절의 기척이 부질없음을 깨쳐주는 듯했다.

베란다의 포도나무

지금 우리 집 베란다에는 포도나무 한 그루가 싱그러운 잎새와 포도송이를 주렁주렁 달고 있다. 그것도 고층의 비좁은 아파트 베란다에서 화분에 뿌리를 묻고 이런 모습을 보이고 있으니 관상觀賞의 위안은 말할 것도 없거니와 끈질긴 생명력에 절로 고개가 숙여진다. 이 화분은 서울 남산 아래 뜰이 있는 한옥에 세 들어 살 때 버려진 것을 아내가 집에 들여 뜰에 묻었던 것이다. 처음에는 두 그루를 들였으나 한 그루는 끝내 구하지 못 하였고 살아남은 한 그루가 지금 우리 집 베란다에서 놀랍게도 장관을 이루고 있는 것이다.

이 포도나무는 T자 모양을 하고 있는 것으로 보아 과수원에서 몇 십 년 동안 열매로 봉사하다 그 역할이 끝나 파낸 것으로 짐작된다. 이것이 화분에 담겨 무슨 이벤트 행사장까지 와서 고운 색깔의 테이프를 드리우고 손님맞이를 하다가 버려지게 된 것이다.

아내가 그냥 가져가는 것이 마음에 걸려 행사 주최측을 찾아가서 "버릴 것이라면 포도나무를 가져가겠다."고 하자 "진작 그러시지." 하고 환영을 했다니 쓰레기차에 실리는 일만 남아 있었던 셈이다.

아내가 손수레를 빌려 이 화분을 집에 들여놓은 것은 가뭄이 계속되던 한여름이었다. 그러나 아무도 반기는 사람이 없었다. 아이들은 "우리 엄마 못 말려." 하고 핀잔을 줬고, 나 또한 "살아날 것 같지 않는 것을 남의 집 뜰에 심어 어찌할 셈이냐."고 짜증을 냈다. 그런데도 아내는 개의하지 않고 화분에서 그녀의 키만큼 큰 포도나무를 뽑아 기어이 뜰에 심고 물을 주는 것이었다.

나도 이런 연후에는 아내의 정성보다는 생명에 대한 외경으로 가끔 물을 주었다. 그런데도 기척이 없다가 다른 나무들이 잎새를 물들일 채비를 할 무렵에야 한 그루의 밑동 부분에서 놀랍게도 잎눈이 텄고 그것이 자라 가느다란 넌출이 되어 마른 제 둥치에 겨우 기대고 있었다. 그러나 곧 무서리가 내려 잎이 상해 말라버림으로써 겨울잠에 들어갔다.

이듬해 봄이 되었다. 지난해에 겨우 살아난 그 포도나무의 넌출에서 제법 굵은 싹이 터졌고 몇 개의 줄기가 넌출을 이루며 잎새를 달아갔다. 어디에 이런 생명이 깃들어 있었을까. 그

끈질긴 생명력을 반기며 아내와 마주하고 웃었다.

그러나 이 집에서 갑자기 이사를 가게 되었다. 유월 하순이었다. 아내는 포도나무 걱정을 하였지만 아무도 귀담아 듣지 않았고 아파트로 가면서 함께 간다는 것은 상식에도 벗어난 일이라 관심을 보이지 않았다. 그런데 이삿짐 마무리 차에 아내는 포도나무를 파서 화분에 담아 싣고 왔다. 이때도 다른 가족들은 반기기보다는 웃었다. 더욱이 이번 아파트는 국민주택형의 좁은 공간이었고 20층이란 고층이어서 흙냄새마저 맡기가 어려운 곳이다. 단지 남향이 되어 햇빛이 잘 드는 것밖에는 포도나무가 있을 만한 조건은 아무 것도 없다. 그런데도 굳이 찾는다면 끔찍이 돌봐주는 손이 있다고 할까.

아내는 화분의 흙이 부식토여서 잘 될 거라고 낙관하였고, 정 안 되면 아파트 정원에 옮겨 심으면 된다는 것이었다. 그래서 포도나무 화분은 베란다에서 다른 화분을 거느리고 자리를 잡았고 햇빛이 잘 들어서인지 두 개의 줄기가 잎을 피우며 마른 둥치를 걸쳤다. 실내가 되어서 그런지 한겨울이 올 때까지 푸른 잎새를 달다가 겨울을 났다.

지난 이월 초순이었다. 포도넌출에서 잎눈이 뾰로통하게 부풀어 봄의 기척을 보였고, 며칠 사이로 잎이 터지면서 살찐 줄기가 자라고 있었는데 그 가운데는 포도송이 여남은 개가 자라고 있었다. 아내는 이거 보란 듯이 표정이 밝았고 반기지 않던 가족들도 신기하게 여겼다. 아내는 마을 빈터에 버려진

한약 찌꺼기와 시골의 쇠똥거름도 구해 와 묻어주었다.

이런 성의에 보답이라도 하는 듯이 포도넌출은 하루가 다르게 뻗어갔고 삼월 중순을 넘어 가면서는 T자 모양의 마른 줄기를 타고 뻗어서 덩굴을 이루었는데 마치 마른 줄기가 살아나 받쳐주고 있는 듯이 보였다.

이제서야 거들떠보지 않던 아이들도 "우리 어머니 대단해." 하며 그 싱그러움을 반겼고 나도 철사를 구해 와 줄을 매어 줄기가 기대어 뻗을 수 있도록 돕기도 하고 물을 주기도 하였다.

사월이 되면서는 포도나무는 더욱 무성한 모습으로 줄기를 뻗었고 포도송이도 점점 자라 중순이 지난 지금에는 포도알들이 쌀알만큼 자라고 있다. 비록 좁은 공간의 화분에 뿌리를 묻고 있지만 지금은 가족 누구도 포도나무에 대해 웃음거리로 대하지 않고 또한 열매를 안겨줄 것에 대해서도 의심하지 않는다.

아내의 말로는 버려진 생명을 살려보려는 데 뜻이 있었고, 그 열매까지는 상상도 하지 않았다면서 잎새 몇 개를 달아주면 그것만으로도 얼마나 감사한 일이 아니냐는 것이었다.

지금은 그 말이 맞는 것으로 수긍하고 있다. 너무 생명을 가볍게 여기고 당장 이익이 안 되는 귀찮은 일은 아예 외면해 버리는 풍조에서 적어도 우리 가족에게만은 포도나무를 통해 보이지 않는 역할을 해 낸 것으로 보인다. 그러므로 지금은 가족들 누구도 이전처럼 웃을 수가 없게 되었고, 그 생명력의 끈질김과 소중함에 대해 느끼도록 해 주고 있다.

포도나무는 지금 무성한 모습을 보이면서 포도송이를 키워 가고 있다. 다음 달 중순께가 되면 그 열매가 익어감을 보여줄 것이고 우리 가족들의 마음을 적시며 즐겁게 해 줄 것이다. 나는 베란다를 기웃거리며 포도나무의 싱그러움을 완상하고 있다. 생명의 끈질김이 놀랍고 반갑고 흐뭇하다.

어느 날의 산간 일기

며칠이 지났다. 외롭고 쓸쓸하기는 해도 견딜 만하다. 따뜻한 방이 있고 끓여 먹을 것이 있으니 무슨 아쉬움을 탓하랴. 마을이 떨어져 있으니 인적도 없고 보고 듣는 것을 아예 갖추지 않았으니 시간이 남아돈다. 그저 편한 자세로 책을 읽거나 멍청하게 있기 일쑤다.

어제는 진눈깨비가 쏟아졌지만 오늘은 청명한 날씨다. 한겨울이라 바람이 차갑지만 맑고 부시다. 이 곳은 이태 전부터 내가 산막山幕을 매어놓은 곳이다. 나직한 산이 에워싸고 숲이 때를 알려준다. 자동차로 서울에서 길어야 두 시간쯤 되는 곳이지만 아직은 오염되지 않은 산간이다. 당장은 채비가 덜 되었지만 마음만은 이 곳의 한적함에 머물러 있고 계절을 앞질러 메밭山田을 갈아 씨를 뿌리고 가꾸며 땀을 적시고 있다.

지금까지도 그랬다. 틈만 나면 찾게 되고 철 맞추어 씨를 뿌려 가꾸어 보기도 했다. 틈새 일이라 열음을 거두거나 잎새를 딴다는 것이 주제넘은 일이기는 해도 그만두지 않고 있다. 언제인가는 모든 것을 훌훌 털고 낙향落鄕을 생각하고 있다.

며칠을 더 묵고 갈 생각이다. 특별히 세간의 무슨 일에 묶여 있는 것도 아니고 바쁘게 서둘 일도 없다. 그저 겨울 산천의 침묵에 귀 기울이며 외로움이나 그 쓸쓸함을 저리도록 새기며 가라앉아 보고 싶고 이름 없는 산천의 이름도 붙여주고 싶다.

나는 지금 산을 오르고 있다. 별로 높지도 않고 특징을 가진 것도 없다. 그러니 별난 이름이 어울리지 않는다. 북쪽을 막고 있으니 북산이라고 이를까 보다. 북산의 초입에 은사시나무 숲이 있고 그 곳에 옹달샘이 있다.

근처 마을 사람들은 약수라고 하지만 생수를 일러 그러는 것 같다. 색도 없고 맛도 없으면서도 시원하기가 이를 데 없다. 물맛이 자랑이라면 무슨 말을 써도 모자랄 것이 없다. 여름에는 차고 겨울에는 김이 난다. 주변이 꽁꽁 얼어 있는데도 바위틈을 뚫는 물소리는 맑고 정답다. 샘 가장자리로는 겨우살이가 추위를 아랑곳하지 않고 파랗게 돋아 있다. 한 모금의 물맛으로도 씻은 듯 마음이 개운하기만 하다. 그래서 세심천洗心泉이라 이름을 붙여보았다. 샘 주변의 널찍한 빈터는 옛 절터로 지금도 무너진 탑신이 풍화를 견디고 있다. 이 곳에 어떤 절이 있었는지는 아무도 증언해 주는 사람이 없다. 그러나 절터만은 틀림없으니 불리는 그대로 절터가 귀에 익다.

이런저런 생각을 하면서 산마루에 올랐다. 높이가 한 200미터쯤 될까. 북산은 아래서 쳐다본 작은 산이 아니었다. 남북으로 등줄기를 뻗으며 군데군데 봉우리가 맺혀 있고 동서로 줄기를 내려 거느리고 있다. 소나무·참나무 등 나무들이 빽빽이 늘어서 있어 숲 또한 장관이다. 산막에서 쳐다보던 북산은 종남終南의 몸짓에 불과했다. 여기저기 응달에는 눈 자국이 얼룩을 짓고 영하의 찬바람이 겨울 숲을 잉잉거리며 울부짖고 있다. 잎새들을 다 떨구고 서 있는 겨울 숲의 침묵이 겹도록 와 닿는데 하늘 저편에는 한 무리의 기러기 떼가 ㅅ자의 대오를 짓고 남쪽으로 날고 있다.

손이 시리고 얼굴이 차갑다. 그런데도 마음은 편안하고 개운하다. 사방으로 트인 모습이 후련하다. 손을 비비고 얼굴을 문지르면서 발을 구르는데 마른 풀숲에서 갑자기 장끼 두 마리가 푸드득거리며 비탈로 날아간다. 나도 놀랐지만 장끼도 놀랐으리라. 지난봄에 심은 콩을 싹도 트기 전에 해치운 놈으로 지목하면서 풀숲을 헤집어 보지만 작은 산새들이 포롱거릴 뿐이다.

산길을 내려온다. 오를 때의 가파른 품속길이 아니다. 기울기가 느슨한 동편 능선을 따라서다. 남쪽으로 펼쳐진 풍경이 아늑하다. 좌우로 산줄기가 내려 알맞게 감싸고 그 출구 저만큼에는 작은 산이 가려주는데 그 아래로 시내가 감돌아 나간다. 좁은 산간이지만 어머니의 품속 같다. 나는 풍수지리를 알지 못하지만 들은 풍월로 지관을 자처하고 있다. 북산을 주산主山으로 하여 좌우로 감싼 줄기를 좌청룡左靑龍 우백호右白虎라 이름하고, 남쪽을 가린 작은 봉우리를 안산案山으로 자리매김한다. 바로 그 서편 자락에 산막으로 둥지를 틀고 자족하고 있으니 명당이 따로 없다. 그저 편안하고 흐뭇하면 그뿐이다.

요사이 내가 산막을 찾는 회수가 잦아지고 있다. 이전에는 가족 동반이었지만 요즈음은 혼자서도 며칠씩 묵는다. 이번 나들이도 마찬가지다. 연말연시, 세간에서는 흐르는 세월에 천년을 매듭지으며 여기에 뜻을 달아 들뜨고 바쁜데 그것을 뒤로 하고 산간을 찾았으니 말이다.

이 곳은 외지기가 섬과 같다. 나직하지만 산줄기가 막아주고 있고, 주변에 아무런 편의시설이 없으니 취할 것도 없다. 유일하게 문명의 이기로 전화 한 대 놓고 있으나 거처와는 동떨어져 이용하기가 쉽지 않다. 전에 아내가, 보는 것은 그만두고라도 듣는 것은 한 대 들이자고 했으나 여기까지 와서 무얼 듣느냐면서 막았다. 굳이 이기利器라고 내세울 것이 있다면 예초기刈草機를 비롯한 농구 몇 개를 갖추고 있다.

이런 사정을 알고 더러는 불편하지 않느냐고 하지만 그것이 좋아 이 곳에 온다고 하면 도회 사람들은 가끔 동감을 나타내기도 하지만 이 곳 산 너머 마을 사람들은 무슨 별종을 만난 듯이 의아해 하면서 빈정거리거나 웃어넘긴다. 그런데도 별로 불편을 느끼지 않는다면 문명생활의 적응력에 타고날 때부터 장애가 있다고 할까.

다들 불편해 하는 이 곳에 오면 오히려 마음이 편안해지니 묘한 일이다. 외롭고 쓸쓸함이 흐뭇함이 되고, 지루함으로 심신을 씻어가니 말이다. 내가 이 곳을 찾아 산막을 맨 것도 이와 무관하지 않다. 그렇다고 문명에 등을 돌리는 것이 아니다. 요새처럼 빠른 변화에는 아무래도 숨이 가쁘고 어지럽다. 그런데도 마땅한 쉴 곳을 찾기가 어렵지 않는가. 물론 개인차가 있고 쉬는 방법도 다른 것이지만.

나로서는 그저 부담 없이 소화할 만큼 문명의 편의를 취하면 된다. 겨울이면 방을 따습게 하고 여름이면 찬물로 땀을 씻을 정도라고 할까. 이 산막에도 이쯤은 갖추고 있으니 자족할 수 있다. 그래서 한겨울도 두려워하지 않고 산간의 외로움과 한갓짐을 찾아온 것이다.

어느 틈에 해가 서산에 걸리고 있다. 덤불에는 새들이 포롱포롱 들락거리는데 날씨는 점점 차진다. 아까 올랐던 북산도 산그림자를 드리운다. 나는 톱을 들고 숲속에 들어가서 마른 나무 몇 개를 거두어 온다. 모닥불을 피우고 숯불을 모아 고구마를 구워 별미를 마련하기 위해서다. 고구마는 지난 계절에 거둔 것이 방안에 있다. 오늘은 이렇게 끼니를 때울 작정이다. 끓일 것이 없어서가 아니다. 혼자 있게 되니 쉽게 때우는 것이 편해서다.

산간의 겨울밤은 깊다. 책을 읽다, 뒤척거리다 시계를 봐도 아직 자정이 멀었다. 이따금 밤바람이 화두話頭를 던지듯 적막을 휘저어 가면 귀를 세우다가 바깥을 나온다. 하늘엔 별들이 은싸라기를 뿌린 듯하고 산은 그 윤곽을 어렴풋이 드러내며 바람의 기척을 숨기지 않지만 겨울밤의 적막은 무겁고 깊어서 쓸어갈 수 있는 것이 아니다.

가을 산간에서의 한거閑居

며칠째 가을 산막山幕에서 혼자 보내고 있다. 첫날은 도회의 여진 탓인지 온갖 채색의 세상일이 좀처럼 가시지 않았다. 그래서 그날 서울을 출발할 때 사온 신문을 펼쳐보며 이런저런 분별로 세상에 마음을 쓰며 보낸다. 오후 늦게 도착한 탓도 있지만, 설령 이른 아침에 왔다고 하더라도 이내 속인의 들뜬 마음을 재우기란 쉽지 않았을 것이다.

그러나 갑자기 바뀐 환경이 새로움을 안겨준다. 풍광도 그렇거니와 맑은 숲바람이 몸과 마음을 씻어주는 듯 상쾌하고, 밤의 적막은 깊고 그윽하여 은자隱者의 한거를 시늉한들 이상하게 보이지 않을 듯하다.

이튿날은 한가하면서도 멍청하게 보냈다. 아무 일도 머릿속에 두지 않고 무슨 생각이나 시간에도 얽매이지 않는다. 시계니 핸드폰이니 하는 이기利器들은 아예 제쳐놓는다. 그저 소박하고 담박하면 된다. 그렇다고 원시의 삶으로 돌아가기 위해서가 아니며 또한 그럴 수도 없다.

너무 편리하고 갖추어진 것을 피하고 있는 것이라면 여간 모순이 아니다. 그런 편의를 피하는 것이라기보다 오히려 그것으로 인해 바쁘고 지친 것을 씻어내자는 것이다. 그래서 얼마간 쉬어갈 틈과 숨쉴 공간이라도 마련하고 기지개라도 크게 켜며 편한 마음으로 게으름을 피우고 싶다고 할까.

새벽에 일찍 일어났지만 서둘 필요가 없다. 조금은 맥이 빠진 느슨한 몸짓으로 느릿느릿 숲길을 걷는다. 쾌적한 공기와 여유로운 시간이 깊은 가을 속으로 점점 내딛게 한다. 동행이 없고 목적하는 바가 없으니 마음 쓸 것이 없다. 이슬 젖은 풀숲을 밟아보고 단풍나무 가지를 흔들며 오솔길을 따라 산마루에 오른다. 나직한 봉우리지만 가린 것이 없다. 이만하면 눈앞에 펼쳐진 들판과 산천을 바라보기에 넉넉하다. 오히려 속진의 흐린 눈빛으로 바라보기가 차마 부끄러울 뿐이다. 산마루에서 바라보는 가을의 풍광 뒤로 얼비치는 세상의 모습이 어지럽고 위태롭게 보인다 해도 도리가 마땅치 않다. 세상이 당장 바로 설 리가 없으니 범인의 처지로서는 모르는 것이 편하다.

해가 한 뼘쯤 떠서야 산막으로 돌아왔다. 아무리 소박하게 돌아간다 하더라도 끼니를 해결하는 일은 귀찮은 것이다. 어쨌든 밥을 짓고 된장국을 끓인다. 전기밥솥, 전기냄비 이런 세간마저 제쳐 놓을 수는 없다. 그러나 한 번으로 세 끼의 번거로움을 대신하기로 했다. 쌀이 있고 염장을 갖추어 놓았고 밭에 뜯을 것이 있으며, 간식감으로 씹을 뿌리까지 있으니 때를 거른다 해도 걱정할 일이 아니다. 이렇게 식이요법을 겸한 자족 또한 혼자의 삶으로서는 탓할 것이 못 된다.

낮에는 차를 끓이고, 하늘을 쳐다보고, 바람소리 새소리를 익히다가 이런저런 책을 펴 보기도 한다. 그러다가 무료해지면 운동 삼아 무너진 둑을 손보며 땀을 적시기도 한다. 어느 것이나 미리 작정한 것이 아닌 절로 마련된 것이다.

혼자이기 때문에 그렇게 할 수 있다. 혼자라는 외로움은 차라리 넉넉하고 걸림이 없고 그래서 흐뭇하다. 게으름에 겨워도 뒤처지는 일이 없고 땀을 적셔도 힘들지 않다. 생각 없이도 맑고 깊은 가을에 들 수 있으며 시간의 예약 없이도 덤불의 새들처럼 때를 맞출 수 있다.

가을밤은 근심스럽고 쓸쓸하게 깊어간다. 어디서 그렇게 많은 벌레가 사는지 애처롭게 적막을 찢으며 울어댄다. 구름에 가린 달빛이 그윽하고 바람에 지는 잎새의 기척이 엄숙하게 닿아 온다. 잠을 청하고 있지만 말똥말똥해지기만 한다. 가을밤은 너무 당연한 것까지도 새롭게 들려준다. 혼자라는 것이 그렇게 끌려들게 한다. 그것을 예찬할 생각은 없지만 외로움이 아니고서는 들 수 없는 자리다. 그러하니 더 깨어 있다가 늦게 잔들 어떠하랴.

사흗날 새벽녘, 빗소리가 잠을 깨웠다. 추적추적 계절을 재촉하는 검고 무거운 소리이다. 순간 풀린 나사가 조여든다. 바쁜 일정을 도외시할 수 없기 때문이다. 그래서 원고지를 앞에 놓고 씨름하게 된다. 즐거운 일이 아니지만 쓰고 싶은 때를 놓치고 싶지 않다. 어지간히 원고지의 간살을 메웠을 때는 이미 한낮이 되어 있었다. 끼니 생각을 하지만 생수 한 잔으로 대신하고 가을빛 속으로 나선다. 다시 긴장을 풀고 맑은 공기를 마시며 멍청한 채로 가을속을 거니는 것이 좋다.

비가 온 뒤라 풍광이 선명하고 마음이 상쾌하다. 더욱이 새벽부터의 속박에서 풀려난 것이 심신을 가볍게 하고, 맑고 깊은 가을 속으로 한가하게 머물 수 있는 것일 게다.

내일이면 일상의 삶으로 돌아가야 한다. 이런 부담이 나를 묶으려 하지만 가을의 풍광은 긴장을 풀어준다. 어제처럼 완전히 풀린 모습으로 게으름에 푹 빠지지는 못 하지만 가을의 또 다른 얼굴과 마주하고 묻고 답하며 나 자신을 찾으려 한다.

이처럼 가을과 내가 같은 등가等價로 마주하며 주고받을 수 있는 것이 반갑다. 가을은 거울처럼 투명하게 다가온다. 그 앞에 선 내가 가을이 되어 있다. 반갑기도 하고 허전하기도 하다. 그 대화는 일상의 언어가 아니지만 교감하는 것이다. 가을의 맑고 깊은 말을 새겨들으며 하루를 마감하고 있으니 말이다.

나는 산막으로 돌아와 돌아갈 채비를 한다. 서랍에 넣어둔 시계와 핸드폰을 챙기고 미리 짐도 싼다. 짧은 기간이긴 해도 산간에서의 한거가 몸과 마음을 얼마간 씻어주었다. 개운하면서도 넉넉하고 멍청하면서도 편안한 쉼터가 되면서 말이다. 가을이 아니고서는 누릴 수 없는 일이다. 외로움이 한가함이 되고 혼자임이 자유롭고 편안한 며칠간이었다.

글이 곧 사람

글이 곧 사람이라고 한다면 수필만큼 이에 근사近似한 말이 없을 성싶다. 시詩가 감성과 직관으로 날렵한 모습을 보이지만 현실과 소원하기 일쑤여서 가늠하기 어렵고, 소설이 긴 흐름으로 몸짓을 자랑하지만 허구인 이상 작중인물에서 작가의 모습을 찾기가 어렵다.

수필은 시처럼 '구름에 달 가듯이' 꿈속에서 헤맬 수도 없고, 소설처럼 의중대로 인물을 등장시켜 비켜갈 수도 없다. 그러므로 수필은 현실적이고, 진솔할 수밖에 없다. 그렇지 않고는 수필의 설 자리가 마땅하지 않고, 자조自照의 문학이라 자처할 수도 없다.

이런 점이 수필의 한계이며, 또한 강점이다. 그러므로 수필은 뛰어넘거나 피해 갈 수 있는 공간을 마련하기가 어렵다.

좋으면 좋은 대로 궂으면 궂은 대로 거르고 삭이며 스스로의 삶을 그려가야 한다. 그러므로 수필은 정직해야 한다. 그렇지 않고는 제 인생을 그려낼 수 없거니와 글로서 사람이 될 수도 없다. 제 삶이 아닌 것을 입맛에 맞게 만들어 내었다면 아무리 출중한 문장력을 구사하고 아름다운 내용을 담았더라도 이미 수필의 경계를 벗어난 것이다. 글 따로 사람 따로는 수필의 울타리 안으로 들이기가 어려우며, 설령 속임수로 들었다고 하더라도 뿌리내릴 수 있는 것이 아니다.

그러나 정직한 것만으로 좋은 수필을 빚어낼 수 없다. 개성도 있고 격도 있어야 한다. 그렇다고 개성과 격을 분리해서 달리보아서는 안 된다. 개성과 격은 정직만으로 이야기할 수 없는 개별성이며 추상적인 밝기다. 이것으로 받쳐 주지 않으면 문학논쟁에 빌미를 제공할 수 있고 위상에도 흠결을 줄 수 있다.

개성이 따르지 않는 글은 신선한 맛도 없거니와 고만고만한 규격품과 같은 것이다. 그렇다고 모방이나 유행으로 개성을 우길 수는 없다. 개성은 자기만이 갖고 있는 색깔을 드러내는 문학성의 요체다. 사람들이 각자 다른 얼굴로 구분할 수 있듯이 자기만의 색깔로 자신의 모습을 신선하고 매력 있게 드러낼 때 개성이 된다. 그러므로 개성은 창작물의 신선도와 매력의 잣대가 되며, 무리 중에 드러남도 그렇다.

그러나 수필에 있어서 개성의 표현은 원색이나 흥분은 금물이며 모방이나 유행으로부터 자유스러워야 한다. 수필은 강한 자극으로 맛을 내는 것이 아니다. 한적하고 편안하고 흐뭇하면 된다. 그러므로 수수하면서도 신선하고, 은근하면서도 입맛이 당겨야 한다.

수필은 또한 격이 있어야 한다. 격은 인격이 받쳐주지 않고는 불가능한 것이다. 격이란 눈에 보이는 것이 아니지만 높낮이나 밝기와 무게에 따라 다르다. 그것은 마음밭을 갈고 닦지 않고는 지닐 수 없는 것이다. 그러므로 격의 정도에 따라 사람의 됨됨이와 수준을 말하게 된다. 수필이 반짝이는 감성이나 상상의 날개를 표현하고 넓혀가는 데는 시나 소설에 비해 한계가 있지만 삶을 승화시키며 경계를 허무는 데는 유리하다. 남긴 자국을 살피며 자신의 모습을 비춰보는 속성을 지니고 있기 때문이다. 그래서 격은 위상을 가늠하는 조건이 된다. 좋은 수필은 격이 따르지 않고는 어려운 것이다. 격이야말로 귀천貴賤을 갈라놓지 않는가.

개성과 격은 수필이 수필답기 위한 조건으로 내세울 수 있다. 수필의 문학성과 위상이 달려 있기 때문이다. 이런 조건을 위한 길은 단순하지 않다. 수필이 갖는 무형식의 형식 때문이다. 지나친 말이긴 해도 형식이 없으면 개별적 형식을 요구한다. 그만큼 다양성이 전제된다. 그렇다고 아전인수我田引水로 받아들여 온갖 소리를 내어 혼란스럽게 할 필요는 없다. 수필론으로 수필을 쓸 수 없는 것과 같다.

그러나 수필의 본성은 변화가 없다. 어떤 형식을 취하더라도 결국 자신의 얼굴을 그려놓지 않으면 안 된다. 개성과 격은 잠재하는 것으로 필요에 의해 마음대로 잡히는 것이 아니다. 색깔과 기품으로 느끼는 것이다. 씻은 마음과 다짐으로 골몰하면서 절節을 삭이고 경지에 이르러야 한다. 그리하여 개성도 튀지 않고 조화롭고, 격도 높아 기품을 더하는 것이다. 그래서 수필의 마음은 우선 가라앉아야 한다. 출렁이는 물결로는 지난 자국의 흔적을 찾을 수도, 얼굴을 비춰볼 수도 없다. 잔잔한 수면을 기다려야 한다. 인내와 너그러움과 여유가 필요하다. 들판과 숲 속을 거닐며 하늘과 구름과 바람과 시내와 새들과의 교감으로 한적함을 맛볼 수 있을 때까지. 시인이 격정을 보일 때 부드러운 웃음으로 감싸고, 소설가가 위장으로 속임수를 쓸 때 자신의 허물을 씻으며 비켜가는 아량이다.

수필은 뜨거운 시의 마음으로 여유를 지니기가 어려우며, 소설의 허구로 지은 대궐에 들 수도 없다. 수필은 허황하지도 웅장하지도 화려하지도 않는 삼간쯤의 집이면 넉넉하다. 그저 주어진 대로 모습이면 되고, 바쁜 중이라도 잠간의 한적閑寂으로 축일 수 있으면 된다. 그것이면 글도 되고 사람도 된다. 그것이 모자라서 가발도 쓰고 화장을 한다면 수필의 마음이 아니다. 수필은 안팎이 달라서는 제 모습을 잃는다. 겉 다르고 속 다르면 얼마나 웃기는 일인가.

그렇다. 갑자기 일갈의 사자후가 정신을 번쩍 들게 한다.

'산은 산이고, 물은 물이다.' 세상을 향한 고승의 할喝이다. 너무 당연한 말인데도 신선하게 들린다. 세상의 미망과 거짓이 눈을 가리고 있기 때문일까. 안개가 자욱한 날 지척을 분간할 수 없다면 틀린 말이 아니다. 산도 안개요, 물도 안개다. 그 속에 잠긴 실상은 볼 수가 없다. 안개가 걷히면 백일하에 드러날 것이지만, 그렇지 않고는 말 그대로 오리무중五里霧中이다.

글이 사람이 되기 위하여 새겨들을 만하다. 글이 객체가 될 수 없는 수필로서는 더욱 그렇다. 글이 바로 사람이 아닌가. 안개를 걷어내고 산과 물이 시야에 들어올 때 비로소 글이 사람이 되는 것을……. 수필의 품격과 위상을 위해서도 거울 앞에 서서 제 모습을 비춰볼 일이다.

마음을 끄는 수필

과일을 고른다. 빛 좋고 싱그러운 것이 눈을 끈다. 시들고 흠집이 있는 것은 등외로 밀려난다. 수필을 고를 때도 마찬가지다. 개성이 있고 표현과 구성에 무리가 없어야 한다. 흠집이 있거나 마음을 언짢게 하는 것은 밀려나게 된다. 여기서 좋은 수필의 조건을 생각할 수 있다.

개성은 과일의 빛깔에 견줄 수 있다. 이 빛깔에서 싱그러움도 아름다움도 느낄 수 있다면 마음을 잡을 수 있다. 여기에 좋은 수필의 조건이 내재되어 있다. 빛깔이 좋다는 것은 타고난 것을 드러내는 것이지만 갈고 닦지 않고는 어렵다.

갈고 닦지 않은 수필은 잡티가 많고 흠집이 나 있어 윗자리를 차지하기가 어렵다. 어찌 보면 별것 아닌 것 같지만 선택의 순간에는 운명을 갈라놓게 된다. 그러므로 잡티가 없는 수필은 강점이 아닐 수 없다. 멋으로 끌어들인 잡티가 발목을 잡는다면 여간 모순이 아니다.

그러므로 주제 밖의 것은 아무리 값진 것이라 하더라도 그것을 삭여낼 수 없다면 피하는 것이 좋다. 남새밭에서는 인삼도 잡초로 보지 않으면 이도저도 그르칠 수 있기 때문이다. 그러나 이런 티는 알지 못하는 사이에 눌러 붙는다. 무지개를 좇아가는 마음으로는 잡티의 유혹을 뿌리치기가 어렵다. 겉멋이 요란하고 따옴말을 남용하며 들뜬 모습으로 티를 드러낸다. 수필의 진솔함과는 거리가 있음은 물론이다.

내용이 진솔해도 말의 구사가 어눌하고 흐름이 자주 끊긴다면 맛을 가시게 한다. 말을 다루는 솜씨가 따르지 않고는 완성도를 기할 수가 없다. 세련된 말로 막힘이 없는 문맥의 유장함이 마음을 놓지 않는다. 그러므로 말의 구사가 매끄럽고 흐름이 자연스럽다는 것은 일가一家를 이루는 수필가문의 당연한 조건이 되어야 함은 물론이다.

생각이 깊지 않아도 마음을 잡지 못한다. 얕은 내를 건너며 가볍게 촐랑거리고 있다면 아무래도 믿음이 가지 않는다. 그 부박성浮薄性은 늘 얼굴을 바꿀 수 있기 때문에 깊게 다가서거나 기댈 수 있는 것이 못 된다. 그렇다고 다른 요량이라도 마땅치 않다면 버리는 것이 편하다. 그래서 생각이 깊은 것에 이끌리며 위안을 삼는다. 그러나 깊은 생각은 갑작스럽게 가능한 것이 아니다. 돌아보고 삭이고 관조하면서 체득하는 경지가 아닌가.

그리고 생짜배기가 드러나는 것도 당혹스럽게 만든다. 철학과 종교가 걸러지지 않고 그대로 유입되어 언짢게 한다면 피하게 된다. 이런 경우 일방적인 경우가 많고 날이 서 있어서 가까이 하기가 부담스럽고, 다중의 정서와도 거리가 있음은 말할 것도 없다.

그래서 잘 삭인 것을 취하게 된다. 바닥에 그것이 스며 편안하고 조금도 날이 서지 않은 포근함으로 감싸주는 그런 종교와 철학을 받아들이게 된다. 수필이 문학인 이상 어떤 명제에 대한 절대성을 지니고서는 다중의 가슴에 다가가기는 어렵다. 자칫하면 문학의 영역을 벗어나서 반칙을 하는 어리석음을 자초할 수 있다면 이를 경계하는 것은 당연하다. 그래서 수필은 늘 삶의 울타리 안에서 정서를 펼쳐가는 것으로 한계를 설정하고 절제의 모습을 보인다면 생짜배긴들 걸러 갈 수 있으랴.

마음을 끄는 수필이란 고를 때 어떤 점을 유의하는가에 대한 견해다. 가끔 선정원칙이 무엇인가 하고 따져 묻는 것을 생각하면 어느 정도 해답이 될 수 있을 것이지만 명쾌하지 못하다. 그것은 수필이 어떤 수필론의 결과물도 아니거니와 보는 관점에 따라 명암을 달리하고 있는 것도 사실이다. 기본을 갖춘 것을 전제로 하여 어느 한쪽에 쏠림이 없이 균형 잡힌 시각을 벗어나지 않으려 한다.

수필을 접근하는 태도도 그렇다. 어떤 분은 독자를 위해 쓴다고 하는가 하면 또 어떤 분은 자신을 위해 쓴다고 한다. 또 다른 분은 그 중간쯤에서 머뭇거리기도 한다.

이런 다른 태도는 가는 길이 다르기 때문에 형식이나 발상에 있어서도 다른 모습을 보인다. 독자를 위해 쓴다는 분은 재미있는 수필을 높이 사며 산문정신을 내세우고, 자신을 위해 쓴다는 분은 수필에 내재하고 있는 시 정신을 내세우며 사유를 높은 자리에 올려놓는다.

그러나 이런 문제는 수필담론의 명제로 의미를 가질 수 있지만 모범답안이 될 수 없다. 문학으로써의 불꽃을 사르며 삶을 밝혀가는 도정으로 수필을 받아들인다면 수필의 다양성을 어우를 수 있을 것이며, 마음을 끄는 수필도 어느 한쪽의 마음이 아니라 다수의 독자가 받아들일 수 있는 공약수가 되어야 할 것임은 물론이다.

이런 생각을 하면서 고른 과일 몇 개를 사 들었다. 값보다 빛이 좋고 싱그러우며 흠집이 없는 것들이다. 여기에 기분 좋은 향기가 은은하지만 그 맛은 두고 볼 일이다.

황성 옛터

'황성 옛터에 밤이 오니 월색만 고요해'로 시작되는 이 유행가는 암울한 일제 때 이애리수가 불러 겨레의 심금을 울려주던 노래라는 것쯤은 대개가 알고 있다.

그러나 이 노래에 나오는 황성 옛터가 어디인지에 대해서는 정설이 없다. 지은이가 밝힌 바가 없고, 폐허된 도읍지 어느 곳에서라도 느낄 수 있는 정서여서 나름대로 짐작할 수밖에 없다.

누구든지 경주의 반월성이나 부여의 낙화암을 찾게 되면 부침한 지난날의 영화를 떠올리며 이런 심회에 빠져들 수 있는 일이다. 더욱이 나라 잃은 어두운 시대였다면 과거의 영화가 부질없고 처량함을 가누기가 어려웠을 것이다. 그래서 황성 옛터는 경주가 되었든 부여가 되었든 적막했고 마음을 울렸으리라.

그런데 이 황성 옛터가 한반도 밖에 있다면 여간 뜻밖이 아니다. 내가 만주의 집안集安을 찾았을 때였다. 유하현柳河縣에 사는 동포시인 이승호는 나에게 황성 옛터를 아느냐고 물었다. 유행가 말이냐고 했더니 바로 그 노래 속의 황성 옛터가 이 곳에 있으니 반드시 들러가야 한다고 못 박았다. 환도산성丸都山城을 두고 하는 말이었다.

일제 강점기에 만주를 떠돌던 독립운동가들이 한 번씩은 들린 곳이라는데, '황성옛터'를 지은이도 이 폐허의 옛 터전을 찾아 하룻밤을 지새면서 나라 잃은 백성의 서러움에 겨워 노랫말을 지었다는 것이다.

나는 이에 대해 아무 것도 아는 바가 없지만 그럴 듯한 이야기로 들었다. 설령 달리 들은 것이 있다고 하더라도 정황으로 봐서 잠자코 있었을 것이다. 지은이가 누군지도 모르고 확인할 수도 없는 터에 그 사실 여부에 대해서 개의할 필요가 없고, 더욱이 만주 동포들의 정신적 고향으로 자리잡고 있는 그 곳에 작은 흠집이라도 내고 싶지 않아서이다. 만주에 살고 있는 식자층 거의가 그렇게 믿고 있으며, 또한 옛 영화에 대한 향수와 자부심을 갖고 있음을 확인할 수 있었다.

환도산성은 집안 시내에서 자동차로 한 시간 남짓 걸리는 거리이지만 편한 길이 아니다. 큰 산이 비좁게 마주한 골짜기 깊숙이 자리잡고 있는데, 지리地理를 잘 모르는 나 같은 문외

한에게도 천연의 요새임을 쉽게 알아차릴 수 있는 곳이다.

백두산에서 뻗어 내렸다는 험준한 산들이 사방을 에워싸고 있는 별로 넓지 않는 평지와 비탈로 되어 있는데, 출구라곤 좁은 골짜기로 뚫린 울퉁불퉁한 비포장도로가 있을 뿐이다. 지금은 인적이 드문 폐허로 있지만 옛 고구려의 궁궐터를 비롯한 자취를 남기고 있다.

나는 망루터였다는 나직한 봉우리에 올랐다. 사방이 탁 터여 굽어볼 수 있는 곳이다. 지금은 밭이 되어 곡식이 자라거나 수풀이 우거져 을씨년스럽지만 여기저기 흩어져 있는 옛 자취가 눈에 띈다.

억새와 칡덤불에 덮여 허물어진 채 창연히 누워 있는 성곽, 습지의 풀들이 우묵한 '엄마터'라는 이름의 우물터, 콩, 옥수수 밭으로 변해 있는 궁궐터, 듬성듬성 소나무가 병정인 양 서 있는 병영터, 여기저기 널려 있는 적석총과 토분들…. 한때의 영화는 간 곳 없고, 부서지고 이지러지고 묵은 자취로 허망과 침묵을 보여주고 있지만 다른 한편으로는 핏줄로 이어져 숨 쉬고 있음을 느끼지 않을 수 없다.

내가 이 곳을 찾은 것은 성을 쌓은 지 천 구백년이 되는 닭의 해 구월 중순, 하늘은 높고 숲은 물들어 가을빛이 완연하고 스산한 바람이 지나가면서 황성荒城 옛터의 쓸쓸함을 더해 주었다. 이 곳에 밤이 오고 달이 뜨면 그 적막과 처연함은 상상으로도 짐작하기가 넉넉하다.

나라 빼앗긴 백성의 신세로 폐허가 된 옛 조상들의 터전을 찾은 심정은 어떠했을까. 어느 곳에서도 떳떳하고 편한 둥지 하나 틀 수 없는 처지의 막막함과 울분, 풀벌레가 적막을 울어 주고 두견새 부엉이가 가슴을 찢었을 텐데 달빛엔들 얼룩을 지우지 않았으랴.

나는 이 곳 저 곳을 기웃거리며 붉은 기와조각도 줍고, 손때가 묻은 돌조각도 주우면서 옛 영화를 기려보았지만 편안한 마음이 아니었다. 이 또한 남의 땅으로 한낱 구경꾼이 되어 거쳐 간다는 것이 부끄러워서일까.

이승호 시인은 이 곳을 안내한 것이 자못 흐뭇하고 자랑스러운지 환한 웃음을 숨기지 않았다. 피는 물보다 진하다던가. 한겨레의 핏줄로 타고난 까닭이리라.

나에겐 사실 황성 옛터가 어디가 되었든지 중요한 것이 아니다. 또 하나 기릴 수 있는 역사의 자취를 알게 되고, 그것을 확인한 것이 값질 뿐이다. 옛 조상들의 영광이 허망과 침묵으로 끝나지 않고, 맥락을 이어주며 뿌리에서 숨쉬고 있음을 어찌하랴.

흘러간 노래로만 알고 있던 '황성 옛터'가 만주에 살고 있는 동포들의 가슴에 살아 위안과 자부심이 되고 있다는 것은 여간 반갑고 뜨거운 것이 아닐 수 없다. 폐허의 역사 속에서 빛난 보석의 광맥을 황성 옛터의 정서에서 찾아내었다고 할까.

환도산성을 떠나면서 이승호 시인에게 농반진반으로 달밤

에 찾아오지 못한 것이 유감이라고 하자, 그도 그렇다면서 웃었다. 지난 날 눈물로 얼룩졌을 때를 돌아보면 지금은 그런대로 다행스러운 일이다.

일월담日月潭

햇빛도 바람도 깨끗하다. 물빛이 하늘빛이고, 산빛도 물빛이다. 북국의 나그네들은 하나같이 묻혀온 겨울을 씻어버린 듯 환한 얼굴이다. 너무 개운한 날씨와 한갓진 정취에 그저 즐겁기만 하다. 일월담日月潭의 선창에서 배를 기다리며 느끼는 기분이다.

1월 12일 아침나절, 절후로는 소·대한의 한겨울인데 북방의 동장군과는 거리가 멀다. 수은주가 10℃아래로 떨어지면 한파가 왔다고 야단이라는 이 곳은 대만 중부의 산 속에 있는 호수다.

그렇게 큰 호수가 아니다. 넓이 9㎢, 둘레 35㎞로 사위四圍가 눈에 잡힌다. 호면의 높이가 해발 760m라지만 산으로 감싸고 있어서 높이를 느낄 수 없다. 단지 이천 오백 미터에 가깝

다는 수사대산水社大山이 별로인 것으로 보아 짐작할 따름이다.

배를 탔다. 물살을 가르며 광화섬을 향하고 있다. 이 뱃길은 해와 달의 경계라는데 별미가 있다. 맑은 바람이 씻어가고 햇빛이 부시다. 저만큼의 거리에서 갈매기가 날고, 강남인 듯 제비가 뱃전을 스쳐간다.

광화섬은 호수에 떠 있는 작은 섬으로 해와 달의 경계를 이루는 기점에 자리잡고 있다. 이 섬의 북쪽이 해 같이 둥글다고 해서 일담日潭이고, 남쪽이 반달 같다고 해서 월담月潭이다. 그렇다고 다른 호수가 아니다. 해와 달이 그야말로 한몸을 이루는 경계다. 그래서 '일월담日月潭'이 된 것이다.

이런 가연佳緣은 절로 된 것이 아니다. 전생에 정해진 일로 이 생에서 맺어지고 있는 것이다. 이 일을 주재하는 월하노인月下老人이 강화섬을 거처로 삼고 있다. 그래서 일월담은 더 아름답고 정이 간다.

월하노인의 입상. 참으로 여유 있고 평화스럽다. 두 손에 음양의 꽃숭어리를 쥐고 있는데 붉은 주단의 연줄이 이어져 있다. 노인은 해와 달의 조화가 참으로 흡족하다는 듯이 웃음을 머금고 있다. 옛날 당나라 때 달밤에 위고韋固가 만났다는 그 노인, 그때 장래의 연분을 알려주지 않았던가. 이런 인연을 헛되이 하지 말라는 듯 기둥에 걸린 글귀가 마음을 잡는다.

— 이것은 전생에 정한 일이니 잘못해서 인연이 어긋나

게 하지 말라. 是前生註定事莫錯過姻緣

그래서인지 노인의 면전에는 인연을 맺게 해 달라는 단심의 흔적인 듯 빨간 물감이 든 공 모양의 병 몇 개가 나란히 놓여 있었고, 옆에는 여린 마음을 넘보는 복채함이 입을 벌린 채로 있다.

노인 앞에 섰다. 사진을 찍기 위해서다. 혼자 서서 찍는 것이 객쩍고 허전하다 해도 말이 될 것 같다. 지금의 일도 후생에는 전생이 되는데 뉘와 언약을 할까 보냐.

광화섬에서 바라보는 풍경은 밝고 아늑하고 시원하다. 티 하나 없는 청자빛 하늘을 비취빛 호수가 받쳐주고 있고, 호반을 수놓고 있는 청록의 숲들이 푸근하게 한다.

어디를 살펴봐도 낚시꾼 하나 없고, 문명의 이름으로 야단스럽게 꾸며놓은 위락시설도 보이지 않는다. 숙박시설 밖에는 그야말로 자연그대로 살아 있어 한결 싱그럽고 개운하고 한가롭다. 해와 달의 호수는 이처럼 평화스럽고 음양이 어울려 완전한 하나를 이루고 있다.

지금은 햇빛이 부시지만, 밤을 떠올려 본다. 월하노인은 달빛을 기다리고 있다. 그 은근한 정에 이끌리지 않을 수 없다. 지금 청명한 기운이 경관을 밝고 싱그럽게 펼치고 있다면, 그윽한 밤인들 무심하지 않을 것이다.

오늘은 음력으로 선달 초나흗날. 해가 지고 어둠이 깔리면

깜찍한 반달이 서산마루에 걸릴 것이고, 별들은 하나 둘 불을 밝히며 초롱초롱 빛날 것이다. 그리고 바람이 스쳐가고 물결이 잔잔히 속삭이면 더 은밀하고 정다울 것이고, 월하노인은 어슴푸레 달빛을 타고 오는 밀어를 엿들으며 흐뭇하리라.

광화섬에서 월담 쪽으로 조금 들면 양어장이 있고, 잉어, 백어, 무창어, 총통어 등 이름도 갖가지다. 먹이 한 줌을 얻어 어장을 돌며 몇 개씩 던졌고, 그때마다 고기는 비늘을 번쩍거리며 수면으로 모습을 드러내며 퍼덕인다. 고기들은 왜 갇혀 있는지도 모르면서 군침을 흘리는 구경꾼들의 먹이에 화답하고 있다. 어느 때 팔려갈 것인지 모르는 것이 그나마 다행이랄까.

배는 다시 광화섬 쪽을 돌아 동쪽의 선착장에 닿았다. 관광상품을 파는 가게가 늘어서 있고 민속박물관의 팻말도 보인다. 매화가 피어 봄기운을 드러내는가 하면, 야자나무, 빈랑나무가 서서 남방임을 알려 준다. 북국의 나그네에겐 무엇이든지 새롭게 보인다.

선착장을 끼고 있는 산 이름은 용왕산. 꼭대기의 자은탑慈恩塔까지 가는 길목에는 불광佛光이 서려 있다. 산 입구의 현광사는 현장의 사리를 처음 내려 얼마간 보관하던 곳이고, 중턱의 현장사는 지금 사리를 봉안하고 있는 곳이다. 시간에 쫓기는 나그네길이라 잠시 스쳐 지나갈 뿐이다.

용왕산 꼭대기에는 9층의 자은탑이 있다. 46m의 탑신으로 해발 1,000m를 채우고 있는데, 장개석 총통이 어머니를 위하여 세운 것으로, 일월담의 빼어난 풍광을 굽어보고 있다.

일월담의 호반 곳곳에 찾아볼 만한 곳이 널려 있다. 공자와 관우와 악비를 받들고 있는 문무묘, 원주민이 살고 있는 문화촌 등 쫓기는 일정으로는 일일이 가 볼 수 없었지만, 자연의 경관을 살리면서 목마다 알맞게 배치한 안목이 돋보인다.

버스를 타고 호반의 길을 돌아 나오는데 차창으로 열려 있는 호수는 벌써 낯이 익다고 정답게 느껴진다. 호수 위로 몇 마리의 갈매기가 날고, 배 한 척이 광화섬을 향하고 있는데, 점점 멀어져 간다.

호수의 변덕은 헤아릴 수 없는 것이라지만 오늘의 일월담은 잘 닦은 도인의 마음처럼 흔들림이 없고 깨끗하여 여간 개운하지 않다.

삼유동三游洞의 묵향

이따금 가을비가 흩날리고 노란 들국화가 피어 있는 꼬부랑 길을 따라 삼유동三游洞을 찾았다. 예스러움에 먹물의 향기가 그윽하고 풍광 또한 빼어난 곳이다. 이 곳은 중국의 호북성 의창 땅에 있는데, 이른바 장강삼협의 아래쪽 관문인 서릉협구에 자리잡고 있다.

옛날에는 동굴 아래로 맑은 시내가 흘렀다지만 지금은 빨간 흙탕물로 샛강을 이루고 있다. 하구에 방죽을 만든 탓으로 수위가 높아졌기 때문이다.

그러나 맑은 시내가 흐린 강물이 되었다고 해도, 운치가 있고 예스러운 맛은 그대로 간직하고 있어 쉬어가기에 모자람이 없는 곳이다.

샛강의 북쪽 기슭, 강을 끼고 낙타 등처럼 꾸불꾸불한 비탈

길을 따라가면 두 개의 동굴이 천연의 거실居室을 이루며 앞뒤로 잇달아 나타나는데, 이름하여 삼유동이다.

앞의 것은 밝고 트여 있어 주변의 기려한 경관을 완상하기에 좋거니와 뒤의 것은 아늑하고 그윽하여 심회를 자아내기에 편한 그런 곳이라고 할까.

옛사람들은 조각배를 띄워 이 곳을 찾았다지만 지금은 그런 풍류나 운치와는 상관없이 자동차로 쉽게 갈 수 있다.

삼유동은 규모가 큰 그런 관광지가 아니지만 뜻 맞는 글벗들이 어울려 며칠간 머물고 싶은 곳이다. 주변의 경관으로도 흐뭇하거니와 명문대가들이 남긴 묵향이 그윽하게 서려 있어 마음을 잡아맬 만하다.

발 아래로는 물이 흐르고, 이마 위로는 반쯤 하늘이 열려 있으며, 길가 돌틈에는 샘물이 솟아나고 있다. 여기에 벗이 있고, 술이 있고, 지필묵이 있으면 어찌 그냥 지나칠 수가 있으랴.

천 수백 년 전 백거이白居易가 이렇게 노닐었다. 그와 시문을 겨루던 벗 원진元稹과 동생 행간行簡이 이 곳의 정취에 흠뻑 젖어 술과 우정으로 글의 자취를 남겨 놓았다. 지금도 석벽에 새겨진 채로 창연한 모습을 드러내고 있는 '삼유동서三游洞序'가 그것이다.

'하늘과 땅 사이에 이만한 곳이 몇이나 될까天地間其有幾乎하고 탄성을 올리며 문향의 씨를 뿌렸다. 그 경치, 그 아늑함에

쾌재를 불렀으리라. 그 때 인적이 없음을 마음에 두지 않았다. 뒷날 이 곳을 찾게 될 문객을 미리 짐작하고 삼유동이란 이름을 석벽에 새겨 놓았을까.

그 뒤 이백 수십여 년의 세월이 지나서 문도文道의 연분을 찾게 되는데, 당시에 문명을 떨치던 소씨蘇氏 집안의 삼부자가 그들이다. 아버지 소순蘇洵과 아들 소식蘇軾 소철蘇轍인데 그들은 뒷날 다 같이 당송팔대가로 문초文抄에 빛을 남겼다. 이 가운데서도 소식은 동파東坡라는 호와 더불어 적벽부로 우리에게 친근한 이름이다.

이 또한 무슨 숙연의 소치일까. 그들은 석벽의 글 자취를 단번에 알아보고는 문맥을 이어놓았다. 이를 두고 뒷사람들은 백거이 일행을 전삼유前三遊, 소씨 삼부자를 후삼유後三遊로 부르고 있다. 이렇게 짧지 않는 시공을 넘어 맥이 통하면서 이 곳을 중국 유수의 문향을 만들어 놓고 있다.

나는 난관과 석벽과 비석에 새겨진 글들을 더듬다가 세 사람의 석고 부조물 앞에 섰다. 구양수歐陽修 황정견黃庭堅 육유陸游가 한데 어울려 있다. 대만 사람들이 이 곳을 찾아 대륙의 향수를 달래며 세운 것임을 팻말의 기록을 보고 알 수 있었다.

이들은 후삼유와 더불어 송나라 시대를 대표하는 명가들로 시대적으로나 명성으로나 앞서거니 뒤서거니 하는 사람들이다. 그들의 이름은 세월의 비바람에도 아랑곳없이 바래지 않고 고향을 지키는 터줏대감처럼 느껴졌다.

알고 보니 이 곳은 전실이고, 바른 쪽으로 조금 돌아가면 후실이 나온다. 후실은 전실보다 더 아늑하고 깊고 너르다. 전실이 사랑방이라면 후실은 안방이라 해도 좋다. 그런 탓인지 여행자의 객기까지 삭여주는 듯하다.

후실에도 석벽과 비각에 새겨진 글들이 즐비하다. 명가의 이름과 그 서법도 가지각색색이다. 그래서 문성의 빛남 못지않게 서법의 보고로도 이름이 높다고 한다.

후삼유의 삼부자상이 어깨를 나란히 하고 서 있다. 그야말로 삼유동을 주처로 삼고 있는 빛나는 문성들이다. 오늘의 문향을 위해 일찌감치 별자리를 마련하고 문맥을 청청하게 살려놓지 않았던가.

이들의 뒤를 이어 내로라 하는 시인 묵객들이 다투어 먹물의 자취를 남겨놓았는데 고금의 유장함을 가려볼 수 있어 감회를 자아내게 한다.

또 발길을 멈추게 한다. 육유천陸游泉이란 팻말 때문이다. 바위틈에서 샘물이 솟고 있는데, 육유가 이 물을 길어 전차煎茶를 끓였던 데서 붙여진 이름이라고 한다. 작은 샘 하나에도 문향이 스치고 있어 반갑다.

삼유동은 쉽게 찾을 수 있는 그런 곳이 아니다. 그런데도 중국의 명문대가들이 시대를 가리지 않고 줄을 이어 이 곳을 찾아 다투어 '삼유동'에 의지해 문적文跡을 남기고 있는데 얼른 고개를 끄덕일 수가 없었다. 아무리 이름난 문향이라 하더라도 원시적인 교통수단으로 멀고 험한 길을 찾는다는 것은 순례자의 마음이 아니고는 가당치 않은 일이다.

이런 의문을 일행인 중국 작가에게 던졌다. 오히려 나의 질문이 어리석다는 듯이 '중국의 문학 토양을 이해하게 되면 풀린다'면서 웃는다. 그만큼 문학을 숭상하고 그 맥락을 존중한다는 말이다. 바로 이것이 거대한 나라를 받쳐주는 보이지 않는 뿌리이며, 시인 묵객의 자존심과 명예로 자리잡고 있음을 느끼게 한다.

중국 작가들은 문성文星들의 조상彫像을 배경으로 하여 사진을 찍고 있는데, 그 표정에서 자랑스러움을 감추지 않는다. 이들의 핏속을 관통하고 있는 자부심을 새겨보게 한다.

삼유동을 뒤로 하고 출구로 나왔다. 눈 아래로 강물이 흐르고, 하늘이 열려 있고, 맞은편의 석벽이 깎아지른 듯이 서서 힘을 느끼게 한다.

가을비가 뿌리고 안개가 지나간다. 꼬부랑 돌길을 오르면서 등을 돌리지만 그윽한 묵향은 지워지지 않는다.

▩ 연보

•약력

1938	경남 밀양출생.
1957~1965	초등학교 교원으로 재직하다 사직함. (군입대 휴직기간 포함.)
1965~1987	잡지, 출판사 근무 (자유춘추, 월간 복장, 월간 의상 등에서 기자, 편집장, 주간 등 역임).
1972~ 1987	(사)한국복장기술경영협회 근무 (상무이사 겸 월간 복장 주간).
1979~	수필, 동시 등을 발표하면서 문단활동 시작함.
1980	≪에세이 80년대≫ 발기동인, 편집간사로 5집까지 상재함.
1988~1991	한국문협 안산지부장.
1991~1994	한국문협 경기도지회장.
1982~	이래 도서출판 미리내 경영, 경기대학교 겸임교수 역임, 계간 선수필 편집인 겸 주간.

•저서

수필집 ≪잊혀진 이름들≫, ≪혼자 걸어가며≫, ≪수필로 만나기≫, ≪구름길의 자국들≫과 동요시집 ≪내마음 날개달아≫, ≪예쁜아이≫ 등이 있고, 이밖에 ≪한국양복100년사≫와 편저로 ≪한국고전문학 읽을거리≫가 있음.

•수상

현대수필문학상, 경기도문화상(문학부문), 예술문화공로상(예총) 성호문학상(안산).

현대수필가 100인선 · 33
김진식 수필선

쓰고 싶은 편지

초판인쇄 | 2008년 10월 30일
초판발행 | 2008년 11월 5일

지은이 | 김 진 식
펴낸이 | 서 정 환
펴낸곳 | 좋은수필사

주 소 | 서울시 종로구 익선동 30-6
운현신화타워 빌딩 3층 305호
전 화 | 02)3675-5635, 063)275-4000
등 록 | 1984년 8월 17일 제28호
홈페이지 | http://www.shin-a. co. kr
e-mail | essay321@hanmail.net

값 7,000원

ISBN 978-89-5925-302-9
ISBN 978-89-5925-247-3 (전 100권)